Astuces déco

pour changer de **la cerise sur le gâteau**

Petit manuel
d'initiation
au design culinaire

D1249380

Collection *mon grain de sel*
dirigée par Raphaële Vidaling

Cette collection donne la parole à des amateurs passionnés qui ne sont ni des chefs ni des auteurs confirmés. Les livres sont réalisés sans styliste culinaire, et donc sans aucun trucage : les auteurs cuisinent eux-mêmes les plats, les photographies sont réalisées à la lumière naturelle… et ensuite, on mange tout ! Il n'y a donc aucune raison pour que ce que vous voyez là ne ressemble pas à ce que vous serez capable de faire vous-même en suivant la recette.

www.mongraindesel.fr

Astuces déco

pour changer de la cerise sur le gâteau

Petit manuel
d'initiation
au design culinaire

Textes : Gwen Rassemusse

Photographies : David Reneault

Tana
éditions

Sommaire

Travail manuel : emprunts aux autres métiers d'art et d'artisanat

Introduction

Vous aviez hâte d'étrenner votre nouveau siphon (à chantilly) et, dans votre impatience, vous avez repeint la cuisine du sol au plafond avec votre succulente soupe de poivrons rouges. Elle était malheureusement trop épaisse. Les invités, barricadés au salon, hésitaient entre rire ou pleurer de crainte de vous offusquer. Finalement, après les quelques heures nécessaires à remettre les lieux en état, ils vous ont vu réapparaître, rouge de honte… et de poivrons ! Autant dire que vous en conservez un très mauvais souvenir. Vous vous êtes promis que jamais, plus jamais, on ne vous prendrait à vous lancer dans le design culinaire.

Ne jamais dire jamais. Il existe des façons nettement moins radicales et plus faciles pour donner du style à vos plats et vous sentir bien dans votre assiette. Vous trouverez dans ce livre des idées à la pelle (à tarte) pour présenter joliment vos petits plats en deux coups de cuillère à pot ou au contraire les décorer minutieusement à la pince à épiler.

Réveillez la fibre artistique et gourmande qui sommeille en vous. Donnez du goût aux loisirs créatifs. Et faites défiler vos savoureuses collections sous les « clap clap » des langues qui en redemandent.

Les astérisques renvoient à la liste des recettes de base p. 24 à 27.

Panorama des ustensiles décoratifs

Les fruits et les légumes suivent la mode et sculptent finement leur corps. Une multitude de serviteurs affûtés les y aide. Des ustensiles sont même réservés à l'usage exclusif de certaines variétés. Les fromages et les pâtes ont, eux aussi, leur attirail spécifique. Le mieux est de s'équiper au fur et à mesure des utilisations et des besoins.

Le **rouet**, sorte de taille-crayon alimentaire, émince les légumes en forme de spaghettis, de tagliatelles, de guirlandes ou de torsades.

Les **cuillères parisiennes** prélèvent des boules de différents diamètres ou aident à évider les fruits (melon, pastèque, pomme…).

Les **couteaux** (classiques d'office, courbés à pamplemousse, à petites lames incurvées dits becs d'oiseau…), les **gouges** lisses ou cannelées, les **canneleurs** et **zesteurs,** les **épluche-légumes** et **rasoirs** traditionnels ou à julienne, les **râpes** et **mandolines** taillent ou entaillent fruits et légumes avec précision. Le propre d'un couteau est de couper !

L'affûter pour donner du sens à ce pléonasme. L'utilisation d'un mauvais couteau, qui n'entame pas et déchire, détériore un travail. Un simple couteau d'office aiguisé permet d'inciser, d'entailler largement, de trancher, de tourner des légumes en prenant la lame en main ou en le retournant, de lisser du plat de la lame, de fixer précisément de petits éléments avec la pointe, de dessiner avec l'envers de la lame. Le passer sous l'eau tiède si la préparation est collante ou glacée, pour rendre la découpe franche. Le **couteau électrique** s'impose uniquement pour trancher ce qui est très fragile.

Tomates, cornichons, fraises, mangues, pommes de terre, avocats, melons, pastèques, ananas, pommes disposent de **découpeurs,** de **videurs** ou de **peleurs** spécifiques. (Les coupes sont plus régulières quand les tailles sont standard.)

Les œufs ont leur **coupe-œuf,** leur **toque-œuf** et leur **pocheuse.**

Les fromages disposent de leurs propres **râpes** et de **fils à découper,** tout comme le beurre.

Les **ébauchoirs,** les **roulettes** à empreintes, les petites **douilles** pour fondant, les **pinces** à gaufrer, les **ustensiles à poinçon** sont aux pâtes à modeler ce que les outils de sculpture sont aux fruits et aux légumes.

Les **emporte-pièces** font la joie des enfants, notamment à Noël. Ils découpent non

seulement les pâtes, mais aussi toutes les tranches relativement fines (légumes, toasts, nougatine). Il en existe de toutes tailles, de toutes formes, dans de nombreux matériaux. On évitera ceux qui sont en plastique pour tailler de la nougatine chaude ! Certains sont munis d'une poignée, d'autres d'un **éjecteur.** Parfois, ils sont réunis en plaque pour faciliter un travail rapide. Astuce : on peut fabriquer soi-même un emporte-pièce de la forme de son choix en découpant des bandes dans des barquettes d'aluminium jetables et en les assemblant en veillant à ne pas se couper.

Les **découpoirs** pour fonds à garnir ou pour pains surprises creusent des cylindres avec un fond et des bords réguliers. Les **moules à chaussons,** avec charnière, permettent de remplir, de sceller et de détailler de jolies ravioles. Un renflement dans la forme de certains découpoirs permet d'accrocher les biscuits aux verres et aux tasses. À retenir pour distinguer les verres de chacun dans une soirée… du moins tant que les gourmands n'y touchent pas !

Les **cercles** (ou cadres) utilisés en pâtisserie permettent de cuire des tartes, de monter des gâteaux, de mouler des entremets. Pour obtenir de plus beaux

résultats, il est conseillé de beurrer l'intérieur des cercles. Utiliser une pince à chiqueter pour parfaire les bords. Retirer le cercle un peu avant la fin de la cuisson, dorer éventuellement la croûte et laisser colorer. Garder en mémoire que la cuisson rétrécit souvent les pâtes, notamment des biscuits. Au besoin, parer leur tour, qui est généralement moins beau et sec. Chemiser les cercles de Rhodoïd® lors du montage d'entremets. Les cadres de petite taille sont également utiles pour délimiter les formes lors des cuissons à la poêle (galettes, blinis) ou du service dans l'assiette (tartare, purée sèche) ou comme découpoirs.

Les **toiles de cuisson Silpat®** et les **moules en Flexipan®** sont des toiles et des moules en silicone qui simplifient les réalisations en cuisine tout en assurant de superbes résultats. Les formes modernes et originales des moules Lékué®, Mastrad® et ScrapCooking® apportent une touche élégante aux décorations.

La **poche à douille,** les **stylos** ou les **flacons décor** interviennent souvent en finition pour une mise en place nette et quelques détails fins ou raffinés de présentation.

Ustensiles suite : l'art du détournement

Si ces nombreux gadgets culinaires vous semblent superflus ou hors de portée de bourse, sachez qu'il existe d'autres solutions.

Outils de bricolage ou de ménage
Les tuiles se bombent sur un manche à balai. Une balayette (réservée à cet usage) chasse les excédents de farine sur les abaisses de pâte. Un marteau concasse le chocolat et les fruits secs au travers d'un sac ou d'une toile. Un morceau de tuyau se transforme en cercle de pâtisserie. Les éventails et les cigarettes en chocolat s'enroulent grâce à une spatule de peintre. L'aiguille à tricoter est un double atout, entre grande baguette à la chinoise et pique de brochette.

Matériel de bureau
Les feuilles transparentes pour rétroprojecteurs permettent de préparer un entremets aussi parfait qu'avec des feuilles Rhodoïd®. La pâte s'étale régulièrement sur une fine épaisseur entre deux règles plates identiques.

Trousse de salle de bains
La lime à ongles élimine les irrégularités de la pâte autour d'une tarte. La pince à épiler retire les arêtes des poissons. Les cotons-tiges nettoient avec précision les

traces laissées sur les bords de verrines. Le peigne raie avec une parfaite régularité les crèmes au beurre sur les bûches. Le sèche-cheveux réchauffe le sucre tiré. La pipette des sirops médicinaux pour enfants dessine des décors de coulis ou garnit des choux miniatures.

Remue-ménage dans la cuisine

Un filet à gousses d'ail ou à oignons, imprimé sur un bout de pâte crue, la transforme en framboise. Un presse-ail donne naissance à des cheveux qu'il suffit d'implanter sur la tête d'un bonhomme en pâte. Un sachet de congélation devient poche à douille pour farcir facilement les cannellonis ou les verrines. Un bouchon de champagne se fait tampon encreur alimentaire. Une bouteille de plastique coupée s'emploie comme entonnoir. Une râpe à gros trous émiette une pâte sablée en crumble. Un épluche-légumes taille des tagliatelles de fromage ou de légumes, des copeaux de chocolat...

Enfin, pour se lancer dans la décoration culinaire, peut-être faut-il commencer simplement. Les mains, souvent oubliées, sont les premières à matérialiser les idées. L'absence de matériel pour créer de beaux décors est un mauvais prétexte. Ériger des châteaux de purée, malaxer du beurre pour remplir un moule, monter des pyramides de cubes de fromage ou enrouler les bandes d'aliments en roses, toutes ces merveilles se réalisent avec de simples doigts. Astuces : les gants en latex évitent de laisser des traces et les pincettes permettent de travailler avec plus de minutie.

À chaque plat son moule

Moule à kouglof cannelé en terre cuite, moule à tarte en métal antiadhésif, barquette de cuisson pour pain en bois, moule à génoise ou à charnière en métal, moule à cannelés en cuivre, moule en porcelaine pour clafoutis, moule souple à glace, caissettes en papier pour muffins, moule à cake en silicone, moule flexible à pâte de fruits, empreinte en silicone pour sucre tiré, moule à bûche thermoformé, plaque de four pour biscuits… Chaque gâteau cuit dans un moule qui le caractérise dans sa forme et sa consistance.

Astuces pour un démoulage sans souci

• Badigeonner de beurre fondu et saupoudrer de farine tamisée les moules à biscuits. Pour les moules à clafoutis, on saupoudrera plutôt de sucre. Retourner les moules en les tapant légèrement contre le plan de travail pour éliminer l'excédent de farine ou de sucre.

• Congeler les moules souples remplis de préparations délicates telles que mousses ou crèmes et les démouler quand les préparations sont prises.

• Si les biscuits ne se décollent pas, pulvériser de l'eau entre la plaque et le papier sulfurisé juste à la sortie du four. Le mieux est encore d'utiliser une toile de cuisson en silicone (type Silpat®), qui assure une non-adhérence à froid comme à chaud.

Sucre et chocolat

Le **chocolat** ne supporte pas la médiocrité. Il demande à être tempéré, c'est-à-dire à suivre une certaine courbe des températures. C'est la clé pour faciliter le travail du chocolat et assurer un rendu brillant et impeccable. Cela implique une spatule triangulaire, une sonde, puis, selon l'utilisation, des broches à tremper, des racloirs, des feuilles variées ou des moules et, pour les professionnels, un pistolet pour les finitions velours.

Le **sucre** a lui aussi ses exigences. Il faut chauffer les mélanges de sucres (sucre semoule, en morceaux, glucose atomisé ou sirop de glucose, fondant, sucre inverti ou trimoline, isomalt, miel) en suivant quelques principes pour ne pas les faire « masser ». Utiliser un poêlon en cuivre si possible. Chauffer doucement jusqu'à ce que tout le sucre soit fondu, puis mettre sur feu vif. Nettoyer les parois des cristaux de sucre à l'aide d'un pinceau légèrement mouillé. Vérifier que la

température souhaitée est atteinte à l'aide d'une sonde. En fonction du résultat final, verser la masse sur une plaque – de marbre, c'est mieux – ou une toile Silpat®. Travailler à la palette et avec des gants ou laisser durcir avant de mixer, filtrer et tamiser sur des pochoirs et faire fondre à nouveau. Chez les professionnels, le satinage et le soufflage du sucre se poursuivent généralement sous une lampe qui fait office de source de chaleur.

Comment jouer avec les couleurs

La nature est richement colorée, et il n'est pas nécessaire d'élever des cochenilles pour obtenir un colorant E120 rouge carmin. Entre le rouge-orange des tomates et le rouge grenat de la betterave, les poivrons déclinent une large gamme de rouges. La nature compose en saveurs et en couleurs : orange des carottes ou du corail des noix de coquilles Saint-Jacques, vert chlorophylle du persil ou des haricots, vert anis du thé matcha, or du safran ou du jaune d'œuf, rouge des fleurs d'hibiscus ou du sang frais, teinte sombre du cacao ou noir intense de l'encre de seiche. Une fois blanchi, le chou rouge devient chou bleu-violet. Une infusion de fleurs de mauve prend la couleur d'un lagon. Plus magique encore, si l'on ajoute une pincée de bicarbonate de soude dans l'eau de cuisson des pommes de terre vitelottes, leur purée, a priori d'un merveilleux mauve-violet, vire au bleu Schtroumpf.

Trucs et astuces

- Le jus de betterave est un colorant extrêmement puissant. On peut l'utiliser par exemple pour teinter du riz ou des pâtes, qui deviennent roses sans prendre le goût de la betterave, ou très peu. Pour obtenir une délicieuse purée rose en guise de dip, mixer de la betterave rouge cuite et du fromage frais.
- L'ajout d'une couleur neutre à une couleur vive permet de peindre des camaïeux.
- La réduction intensifie la couleur, mais la cuisson peut l'altérer. Il faut faire des tests !
- L'oxydation attaque aussi les couleurs. L'altération est limitée par le jus de citron, les

acides, ascorbique (celui des comprimés de vitamine C effervescents) et citrique ou les agents de conservation, souvent réservés aux professionnels.

• Le bicarbonate de soude ou l'eau gazeuse permettent de fixer la couleur des légumes verts et orange. Porter de l'eau gazeuse ou de l'eau minérale additionnée de sel et de bicarbonate à ébullition puis faire blanchir les légumes pendant le temps approprié. Les retirer avec une araignée et les refroidir de suite dans un grand récipient d'eau similaire glacée.

Les colorants

Il existe des colorants naturels et aromatiques qui sont en fait des poudres (d'épinards, de jus de citron, de cassis…). Leur composition naturelle est un avantage, mais il faut éviter d'en abuser et bien doser les teintes. La génoise couleur haricot vert d'un framboisier aura la même allure que celle d'un framboisier vert pistache, mais pas le même goût !

Les colorants classiques se trouvent sous la forme de poudre, de liquide (ce qui modifie la consistance de la préparation) ou en pâte. Leurs couleurs déclinent l'arc-en-ciel et les effets (givré, irisé, métallisé, argent scintillant…). Selon l'utilisation finale, il est possible de les choisir hydrosolubles, liposolubles ou à base d'alcool, pour le sucre. Des bombes, des vaporisateurs – certains à effets velours –, des aérographes ou des pistolets à chocolat facilitent la pose finale des couleurs. Des feutres et des cartouches pour imprimante chargés d'encre alimentaire permettent aussi de teinter des papiers et des tissus alimentaires, comme les feuilles azymes. Les vernis alimentaires à paillettes et les feuilles d'or et d'argent sont les petits détails gourmands qui subliment le travail.

Des ingrédients magiques

Le grand public les connaît peu, et pourtant ils sont présents à très petites doses dans de nombreux produits alimentaires, y compris les produits bio. Ils réjouiront en vous l'apprenti sorcier.

• L'**agar-agar,** les **carraghénanes** et l'**alginate de sodium** sont des texturants issus d'algues. Les deux premiers sont des gels à prise rapide. Ils ont la propriété de prendre en gelée vers 50 °C après avoir été chauffés. Le dernier gélifie au contact des ions calcium.

• La **lécithine de soja** est un émulsifiant : elle favorise la mousse quand on la mixe avec de l'eau et un corps gras.

• La **gomme xanthane** provenant de la culture bactériologique est un épaississant et un stabilisateur. Mixée dans un liquide, elle l'épaissit (comme de l'amidon) et stabilise la mousse plus longtemps.

• La **gomme konjac,** issue de tubercules, est elle aussi un épaississant, plus visqueux que la gomme xanthane. Elle apporte de la souplesse. Quand les gommes konjac et xanthane sont associées, elles donnent des gels souples, comme certaines crèmes dessert. Mais quand la gomme konjac est associée à de la kappa carraghénane, elle produit des gels élastiques et résistants qui prennent très vite, ce qui peut être très pratique en cuisine.

· La **pectine** est elle aussi un texturant alimentaire qui trouve son origine dans le monde végétal. Elle se cache dans les préparations pour nappage ou les fixateurs pour chantilly.

· Le **glucose** et l'**isomalt** sont des remplaçants du sucre. Contrairement à celui-ci, ils cristallisent peu et retiennent l'eau (on dit qu'ils sont hygroscopiques).

· Le **bicarbonate de soude** permet non seulement de conserver la couleur des légumes lors de la cuisson, mais il favorise la levée de la pâte. C'est d'ailleurs l'un des trois composants de la poudre levante classique et il est souvent présent dans les recettes de pain d'épice. Il permet de déclencher des réactions gazeuses, avec de l'acide ou en présence de chaleur.

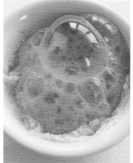

Où s'équiper

Fini le temps où les ustensiles spécifiques et les ingrédients de pâtissier étaient exclusivement distribués dans des réseaux professionnels. Quelques boutiques – en ligne ou avec pignon sur rue – offrent la possibilité de jouer les chefs.

Ingrédients spécifiques

Colorants, texturants, chocolat, sucre, épices et d'autres heureux ingrédients de qualité s'entassent dans une mini-épicerie parisienne avec une réserve telle une caverne d'Ali Baba. Elle est fréquentée par les amateurs comme par les professionnels. Il s'agit de G. Detou, 58, rue de Tiquetonne, 75002 Paris.

Un important choix de texturants avec des kits d'initiation, des sucres, la Patamiam® et les feuilles de soja colorées sont distribués par Kalys gastronomie : http://gastronomie.kalys.com.

L'épicerie fine en ligne BienManger (www.bienmanger.com) propose une large gamme d'aliments et d'articles de cuisine créative. Les produits alimentaires se révèlent tous plus attractifs et décoratifs les uns que les autres : fleurs séchées, gel pailleté alimentaire, coulis de salidou en flacon verseur… Et le matériel n'est pas en reste : pochoirs, moules pour sucettes, feuilles de transfert….

La grande épicerie du Bon Marché présente aussi de nombreux ingrédients qui ajouteront de l'originalité aux présentations des mets. Le Bon Marché, 24, rue de Sèvres, 75007 Paris.

Ustensiles

Les boutiques parisiennes Mora (13, rue Montmartre, 75001), E. Dehillerin (18, rue Coquillère, 75001), Simon (48, rue Montmartre, 75002) offrent un vaste choix pour s'équiper d'ustensiles de professionnels. Mora dispose en outre de produits consommables et non consommables autour de la pâte à sucre et il est possible de commander par Internet : www.mora.fr.

Les sites d'Artgato (www.artgato.com), de Cerf Dellier (www.cerfdellier.com), de Patiwizz (www.patiwizz.com) s'adressent essentiellement aux professionnels, notamment de la pâtisserie, et proposent à la fois ingrédients et ustensiles.

Ustensiles, matériel et accessoires de cuisine, de marque et de qualité ou mignonnes babioles, sont la spécificité des sites de Kookit (www.kookit.com) et de Mathon (www.mathon.fr). Rien que leur consultation donne des idées de menu.

L'essentiel du matériel de cuisine de qualité professionnelle se trouve sur Meilleur du chef (www.meilleurduchef.com). C'est une véritable mine en ligne, où l'introuvable se trouve parfois. Durobor, devenu le spécialiste des verrines, propose une vaste gamme de verres et est largement distribué. Un incontournable.

Sites de loisirs créatifs disposant d'une gamme cuisine

À la lecture de ce livre, vous découvrirez rapidement que les décorations en cuisine font appel à beaucoup de créativité. Les astuces relèvent des techniques appliquées dans les loisirs créatifs. Pour trouver l'inspiration, visitez par exemple les sites de Miss Bricole (www.missbricole.fr), de Creavea (www.creavea.com) ou de Cook Déco (www.cookdeco.fr), mes trois coups de cœur en la matière.

Recettes de base

Condiment croustillant
Tamiser 30 g de farine, 20 g d'amidon de maïs, de fécule de pomme de terre ou de farine de riz et 1 pincée de sel. Ajouter 1 œuf, 30 g de crème liquide et 1 c. à s. de pâte de condiment (pistou, moutarde, fromage frais aux herbes). Bien mélanger et laisser au frais pendant 1 h. Préchauffer le four à 170 °C. Faire cuire pendant 7 min.

Glaçage au beurre
Battre à vitesse moyenne 100 g de beurre en pommade avec 100 g de sucre glace tamisé jusqu'à ce que le sucre glace soit fondu dans le beurre.

Glaçage au chocolat extra brillant
Porter à ébullition 7 cl d'eau avec 90 g de sucre en poudre. Ajouter 15 g de lait en poudre entier et 20 g de cacao tamisé puis porter à nouveau à ébullition. Ajouter 6 cl de crème fleurette et faire cuire jusqu'à 73 °C. Hydrater puis essorer 3 g de gélatine en feuille. L'ajouter ensuite à la préparation. Filtrer.

Glaçage au chocolat satiné
Faire fondre 175 g de chocolat noir (de couverture ou à pâtisserie, riche en cacao) au bain-marie. Faire chauffer 15 cl de crème liquide entière à la limite de l'ébullition et la verser en trois fois sur le chocolat en mélangeant vivement à partir du centre. Laisser tiédir la ganache avant de verser sur la pièce à glacer.

Glaçage au fromage frais

Battre à vitesse moyenne 80 g de beurre avec 80 g de sucre glace. Quand le mélange est homogène, ajouter 200 g de fromage frais (de type Saint-Moret) à température ambiante. Continuer à battre jusqu'à obtenir un mélange bien homogène et onctueux.

Glace royale

Mélanger 1 blanc d'œuf avec quelques gouttes de jus de citron. Incorporer 180 g de sucre glace en trois fois, puis rectifier la consistance en ajoutant du sucre glace.

Léger glaçage opaque

Mélanger 150 g de sucre glace avec 5 cl de jus de fruits ou 1 cl de sirop dilué dans 4 cl d'eau. Choisir un fruit ou un sirop au parfum adapté au gâteau à glacer.

Pastillage

Faire fondre 3 feuilles de gélatine dans 1 c. à c. de vinaigre blanc puis ajouter 300 g de sucre glace. Pétrir jusqu'à obtenir une pâte homogène. Emballer dans du film alimentaire. Prélever la quantité suffisante pour le décor envisagé. Étaler sur un plan de travail saupoudré d'amidon ou de fécule. Enfoncer dans un moule ou découper avec un couteau à la lame bien propre et faire sécher pendant quelques jours sur une surface saupoudrée d'amidon ou de fécule en retournant chaque jour.

Pâte à cigarette

Mélanger 30 g de beurre en pommade avec 30 g de sucre glace tamisé (et éventuellement du colorant). Ajouter 1 blanc d'œuf et 30 g de farine tamisée.

Pâte à sucre

Faire fondre 70 g de marshmallows blancs au micro-ondes. Verser dans le bol d'un robot (puissant) avec 150 g de sucre glace, 2 c. à s. d'eau et quelques gouttes d'arôme de son choix. Mélanger avec le pétrin graissé à la margarine dure. Quand la pâte devient friable, ajouter peu à peu du sucre glace (500 g à 1 kg) et pétrir jusqu'à obtenir une boule lisse. Effectuer cette dernière étape manuellement si le robot n'est pas assez résistant. Se graisser régulièrement les mains au cours du travail.

Sirop à 30 °B

Porter à ébullition 40 cl d'eau avec 540 g de sucre. Faire bouillir pendant quelques instants et laisser refroidir hors du feu.

Sucre coulé

Faire cuire 300 g de sucre en poudre avec 70 g de glucose et 7 cl d'eau. Porter à 155 °C puis retirer du feu et tremper le fond de la casserole dans de l'eau froide.

Sucre cuit pour fruits déguisés

Dissoudre 500 g de sucre cristallisé dans 20 cl d'eau puis faire cuire à feu moyen en mouillant les bords de la casserole. Juste avant l'ébullition, retirer l'écume. Après l'ébullition, ajouter 100 g de glucose. Quand le sirop atteint 155 °C, retirer du feu et tremper le fond de la casserole dans de l'eau froide pour arrêter la cuisson. Utiliser rapidement.

Sucre rocher

Faire cuire 300 g de sucre en poudre avec 10 cl d'eau dans une casserole haute. Porter à 140 °C puis ajouter 70 g de glace royale. Laisser monter et descendre le mélange à deux reprises avant de verser sur une toile de cuisson.

Sucre tassé

Mélanger 3 c. à s. de sucre en poudre avec 1 c. à c. d'eau colorée puis tasser dans des petits moules en silicone. Laisser sécher pendant 1 jour à température ambiante.

Tuiles de sucre

Préchauffer le four à 180 °C. Mélanger 150 g de fondant et 100 g de sirop de glucose. Porter à 155 °C puis verser sur une toile de cuisson. Laisser refroidir avant de mixer. Saupoudrer en tamisant le sucre sur un pochoir placé sur une toile de cuisson. Faire cuire au four jusqu'à la fonte complète. Former les tuiles.

Ces recettes sont inspirées par les recettes des chefs Yannick Alléno, Frédéric Anton, Philippe Conticini, Sang Hoon Degeimbre, Christophe Felder, Pierre Hermé, Thierry Marx, Christophe Michalak, Anne-Gaëlle et l'ouvrage de référence *Compagnon et maître pâtissier.*

Quelques idées déco…

La mangue tortue

La pâte en spirale

Le double-seau à glace

Le rouleau de poivron

en guise de mise en bouche

La pomme de terre farcie

L'ours-kiwi

Le mille-pattes échalote

La rose-saumon

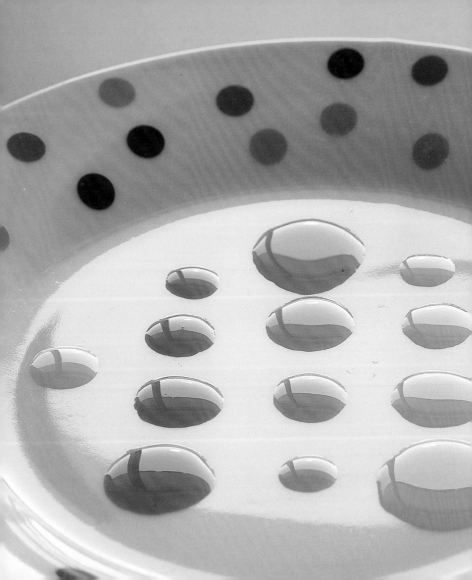

Manger avec les yeux

Astuces visuelles pour transfigurer un plat

– On ne joue pas avec la nourriture !
– Ah bon ?

Yoyo
Assembler
2 coques de macarons avec
un point de ganache bien
solide et y glisser l'extrémité
d'un fil de bonbon. Faire
prendre au frais avant
d'enrouler le fil
et… jouer.

Mikado
Décorer des
gressins de glaçages
colorés et salés, les jeter
en désordre sur un plat
et proposer de jouer
au mikado à l'heure
de l'apéritif.

Rubik's Cube
Construire un Rubik's
Cube® avec des cubes réguliers
de couleurs différentes
(en liquide gélifié, en fromage,
en fruits et en légumes),
et déguster à l'aide
de petites piques.

Minigolf

Faire germer des graines sur un grand plat. Quand la pelouse est belle mais pas trop haute, aménager des trous. Réaliser des clubs en carottes, en pain toasté ou en pâte à tarte cuite et jouer avec des noix de macadamia.

Boulier

Réaliser 2 poteaux de bonbons bien en équilibre sur leur base en utilisant par exemple de la glace royale*. Enfiler des bonbons ronds et troués sur des fils (de bonbon ou de réglisse) et les attacher aux poteaux.

Courte paille

Comment faire manger des haricots verts à des enfants ? On tire à la courte paille : seul celui qui tire le plus petit haricot vert a le droit à une portion réduite…

Cible

Décorer un gâteau d'anniversaire plat et rond, de type génoise, en motif de cible : du sucre glace pour le fond blanc et des cercles noirs de diamètres différents en fils de réglisse. Distribuer des petits bonbons colorés aux enfants, de type Smarties®, à raison d'une couleur par enfant. Au top départ, chacun envoie ses bonbons sur le gâteau. La couleur qui se retrouve le plus près du centre est celle du gagnant.

Jeux de couleurs

Marbré comme un millefeuille. Prévoir deux mélanges colorés de consistances proches. Étaler le premier. Avec le second, tracer une spirale pour obtenir un effet marbré rond ou des lignes parallèles pour un effet linéaire. Tracer des lignes avec une baguette, du centre de la spirale vers l'extérieur ou perpendiculaires aux lignes en couleur, puis diviser chaque intervalle en tirant une ligne dans le sens opposé.

Séparer les couleurs. Choisir un emporte-pièce ou modeler un ruban d'aluminium qui délimite les couleurs et le mettre en place. Verser les deux mélanges colorés de part et d'autre, en alternance, jusqu'à hauteur du séparateur. Puis le soulever verticalement et délicatement.

Des couleurs dans la poche, glace à l'italienne ou biscuits en rubans. Dans le premier cas, mettre deux mélanges de la consistance d'une glace dans deux poches puis les insérer dans une troisième poche un peu plus grande à douille cannelée. Utiliser alors de façon classique. Dans le second cas, préparer des pâtes à biscuits de coloris différents. Sur une toile de cuisson, coucher des lignes parallèles à la poche à douille lisse, tout en alternant les couleurs. Faire cuire.

Dentelle colorée. Évider des tranches de fruits tendres et solides. En maintenir quelques-unes sur les parois d'une coupe en verre puis badigeonner d'une préparation épaisse en ménageant des trous. Verser enfin une préparation liquide ou épaisse.

Décalcomanie

Feuilles de transfert. Pour les génoises, les entremets, les plaques de chocolat, il existe des feuilles de transfert. Ces feuilles sont décorées de motifs colorés et sont semblables à des décalcomanies. Les appareils coulés sur ces plaques s'impriment des motifs. Une fois les pâtes cuites ou prises, il ne reste plus qu'à décoller les feuilles et le décor est transféré.

Feuilles de structure pour génoise ou entremets. Ces feuilles en relief donnent un autre moyen d'ajouter des motifs colorés en pâte à cigarette* sur les biscuits et en appareil à mousse à la surface des mousses. Remplir les creux des reliefs à l'aide d'un racloir et les fixer au congélateur avant de recouvrir de pâte. Faire cuire la génoise ou congeler à nouveau l'entremets pour faciliter le démoulage.

Biscuits décorés à la main. À défaut de feuilles de structure pour génoise, dessiner des motifs en pâte à cigarette* sur une feuille de cuisson, à l'aide d'un stylo. Faire durcir au congélateur puis recouvrir de pâte à génoise et faire cuire.

Tampons et tatouage. Choisir un support à imprimer : œuf cuit dur, viande, biscuit, papier azyme... Choisir ensuite l'encre alimentaire. Faire éventuellement réduire pour l'intensifier et l'appliquer avec un tampon de façon classique. Pour personnaliser les tampons, les sculpter dans des pommes de terre ou des bouchons de liège. On peut également faire déteindre des ingrédients colorants (thé, algues nori fraîches) ou marquer au fer ou au gril.

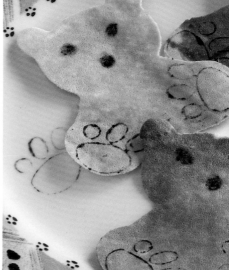

Surprises en tranches

Tranches de cheesecake multicolore. Préparer des crèmes au fromage classiques, de couleurs différentes et de même consistance. Verser 2 louches du premier appareil au centre de la pâte et étaler en inclinant légèrement le gâteau. Répéter de façon identique en alternant les couleurs. Poursuivre comme à l'habitude.

Gâteau en couches colorées. Réaliser une pâte à gâteau consistante. Diviser la pâte en plusieurs pâtons et colorer chacun d'une couleur différente. Préchauffer le four de façon que l'essentiel de la chaleur vienne par le haut. Incliner un moule sur une plaque à four avec des galets. Verser une louche de pâte et faire cuire en haut du four. Quand le dessus est bien pris, sortir le moule en veillant à ne pas casser la couche. Changer le moule de position et réitérer en alternant les couleurs. Terminer de façon habituelle.

Cake-Man. Réaliser une pâte à cake. La verser dans un moule en alternant avec les fruits confits farinés disposés de façon à composer un visage une fois le cake coupé en tranches (au fond, la bouche...). Marquer des repères entre les tranches avec des petits morceaux de fruits confits pour faciliter la découpe.

Sablés. Préparer plusieurs pâtons de pâte sablée souple de coloris différents. Leur donner la forme souhaitée – en pavé, en cylindre ou étalée – puis les regrouper dans la forme finale en badigeonnant d'eau les surfaces assemblées. Rouler éventuellement dans du sucre et des épices, puis emballer de film alimentaire en pressant et mettre au frais. Quand le bloc a durci, ôter le film, trancher avec une lame humide et tiède et faire cuire.

Signature du chef

Pâte d'amandes et parchemin. Étaler de la pâte d'amandes en saupoudrant légèrement le plan de travail de sucre glace. La découper aux dimensions souhaitées et écrire avec de la glace royale* ou du chocolat. Pour obtenir un aspect parchemin, avant d'écrire, colorer les bords avec un chalumeau, un pinceau trempé dans de l'extrait de café ou du cacao.

Gouttes de camaïeu. Réaliser une sauce et la répartir dans des gobelets. Modifier les couleurs de chaque gobelet en les diluant par l'ajout d'un autre liquide de même consistance. Former des gouttes de teintes différentes à l'aide d'une pipette.

Décoration à l'assiette pour jus sirupeux. Tracer des lignes droites ou ondulées, des spirales, des toiles d'araignée en utilisant une cuillère à café, une pipette, un flacon décor ou un pinceau. Si le mélange n'est pas assez épais, le faire réduire ou l'épaissir avec un texturant (amidon, gomme de konjac). Pour créer de très beaux effets de vinaigrette dissociée, lui ajouter de l'huile, sans mélanger.

Décoration à l'assiette pour mélange épais. Ponctuer l'assiette de virgules ou de points. Plus les gestes sont vifs et assurés, plus les contours sont nets. Pour dessiner une virgule pleine, déposer une cuillerée en incurvant légèrement la cuillère. Pour esquisser une virgule légèrement creusée à sa base, déposer une cuillerée et retourner la cuillère pour terminer le dessin avec son dos.

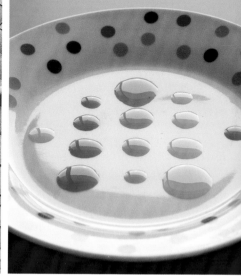

Dorures et vernis

Dorure. Pour une dorure classique, battre 1 œuf et du sel. Ajouter du colorant ambré pour renforcer la teinte. Une dorure au jaune d'œuf détendue avec de l'eau salée donne une couleur plus intense, mais fonce vite au four. Les mélanges d'œuf entier, de jaune d'œuf et de sel donnent de bons compromis. Ne pas dorer l'épaisseur d'une pâte feuilletée pour ne pas l'empêcher de lever.

Vernis. Pour faire briller une pâte dorée comme une galette, la saupoudrer de sucre glace ou la lustrer de sirop à 30 °B* en fin de cuisson et la mettre brièvement dans un four chaud.

Nappage classique. Faire bouillir de la gelée ou de la confiture (de la couleur de la tarte), la filtrer et verser le nappage sur le gâteau refroidi ou le badigeonner au pinceau. Des préparations (à base de texturants) et des pectines destinées au nappage sont également commercialisées. Les nappages miroir sont facilement réalisables à partir de gélifiants.

Un bain dans le sirop. Pour déguiser des pièces bien séchées (fruits farcis, par exemple), les tremper dans un sirop de sucre à l'aide de brochettes puis les égoutter en équilibre sur les brochettes et laisser refroidir. Disposer dans des caissettes en papier et déguster rapidement. Pour décorer des pâtes à choux de caramel, comme les croquembouches, faire cuire le sirop jusqu'à une jolie coloration. Y tremper le dessus des pièces ou verser le caramel sur les pièces réparties sur une grille.

Au palais des glaçages

Glaçages traditionnels : fondant et glace royale*. Le fondant décore de nombreuses pâtisseries en pâte à choux, les millefeuilles, etc. Il remplace parfois le sucre dans certaines recettes, comme les tuiles. Le plus facile est de l'acheter. Le mettre au point avant de l'utiliser (à 36 °C) et le détendre avec un sirop à 30 °B* s'il est trop épais. Tremper directement la partie à glacer des petites pièces et rectifier avec le doigt. Verser du fondant bien fluide sur les grosses pièces, lisser la surface masquée immédiatement avec une spatule métallique tiédie. Décorer avec un autre fondant rapidement. La glace royale* ressemble beaucoup au fondant. Elle couvre souvent les petits fours ou s'utilise pour réaliser des motifs fins et des écritures au stylo ou au cornet.

 Glaçages au beurre et au fromage frais*. La consistance de ces glaçages leur permet d'être joliment pochés sur des cupcakes ou simplement étalés sur des *carrot cakes*, par exemple.

Léger glaçage opaque*. Il nappe les cakes ou les petits gâteaux d'un voile de sucre, leur donne couleur et arôme, et conserve leur moelleux. Dès la sortie du four, napper les gâteaux disposés sur une grille, au besoin avec une spatule. Remettre dans un four chaud pendant 5 min puis laisser refroidir.

Glaçages au chocolat*. Du fondant, de la glace royale* avec un peu de cacao, des glaçages au beurre mélangé à du chocolat fondu… les recettes sont nombreuses. Les glaçages brillants sont souvent composés avec de la gélatine et nécessitent une habile manipulation.

Entrelacs

Tissu coloré quadrillé. Faire des tagliatelles colorées de légumes, en aligner une série d'une couleur et les faufiler d'une autre couleur en passant dessus et dessous en alternance.

Tissu damassé façon osier. Découper des bandelettes de pâte puis les tresser comme pour un tissu coloré, sans se préoccuper des couleurs. Avec des appareils crémeux ou de la meringue, tracer des lignes à la poche, en laissant entre elles un espace. Tracer perpendiculairement des « pointillés » de façon à passer au-dessus d'une ligne sur deux. Alterner d'une ligne de pointillés à la suivante.

Effets losanges. Pour créer des losanges, tracer une série de lignes espacées et parallèles puis la rayer par une autre série de lignes. Réaliser ces lignes en crème, en meringue, en pâte (tarte *linzertorte*) ou en poudre (sucre glace ou épices, sur des assiettes, des gâteaux, des pastillas). Pour délimiter ces lignes, utiliser des pochoirs quadrillés ou présentant de fines bandes. Astuce pour que la poudre adhère : badigeonner préalablement d'huile ou de sirop. Les rouleaux à losanges pour pâte simplifient la création de quadrillages (pâté, jalousie aux pommes).

Tresser. Former des brins de pâte et les natter. Créer une jolie cordelette à deux brins pour décorer le tour d'une tarte. Façonner une brioche avec trois brins ou plus. Confectionner des scoubidous avec des spaghettis de gel souple ou de légumes, ou avec des lacets de bonbon.

Impressions en relief

Toiles en relief. Abaisser ou couler les pâtes sur des toiles présentant des motifs en relief. Ces motifs s'impriment en creux ou en bosse, inversement à la toile. Il existe des toiles spécifiques aux pâtes (notamment à sucre), aux entremets, au chocolat.

Réserver de la place pour les entremets. Pour donner du relief à une mousse ou à un gel, utiliser des moules qui présentent des reliefs à l'endroit, mais penser aussi à l'envers pour laisser des motifs en creux.

Imprimer du relief sur les pâtes. Les pâtes souples se prêtent bien à l'impression de reliefs. Envers de la pointe d'un simple couteau, roulette cannelée ou lisse, rouleau spécial reliefs, pince à chiqueter ou à gaufrer, insolite feuille de jardin ou plat en fer forgé, tapis relief... : tout est prétexte à laisser sa marque sur les pâtes à tarte et autres pâtes à modeler. Pour distinguer des motifs sur une pâte dorée, réaliser la dorure après réfrigération de la pâte puis marquer la décoration et faire cuire.

Glaçage en volume. Les glaçages crémeux ou meringués permettent de donner du relief à ce qu'ils recouvrent. Appliqués avec une poche à douille, leurs reliefs sont réguliers et varient en fonction du choix de la douille. Étalés à la spatule, ils peuvent suivre des mouvements irréguliers et des pics non uniformes (effet « hérisson »).

Décors de cocktails

Marques de verre. Pour éviter de boire dans le verre du voisin, il existe des colliers de pied, des bracelets de tige, des ventouses, des agitateurs et des pinces, de toutes formes, de toutes les couleurs, même lumineux, sobres, artistiques ou amusants. Pour personnaliser ces marques, réaliser des décors de fruits ou des crackers découpés avec des emporte-pièces spécifiques et les accrocher sur les tiges ou les bords des verres.

Couches et densité. Superposer des liquides aux densités différentes : verser au fond les liquides lourds, riches en sucre, et en surface les liquides légers, crémeux ou émulsionnés. Un liquide mixé avec de la gomme xanthane incorpore de l'air et permet à de petits éléments de flotter.

Des verres un peu givrés. Humidifier les bords des verres dans du jus de fruits, du sirop, du blanc d'œuf ou des liquides épaissis avec de la gomme arabique ou de la pectine. Puis tremper dans du sucre coloré ou non, pétillant ou non, mélangé éventuellement avec un peu de sel, de zeste d'agrume râpé ou d'acide citrique. En fonction du cocktail, remplacer le sucre par de la noix de coco râpée ou des épices.

Effervescence. Pour personnaliser les kirs, ajouter des fleurs ou des fruits cristallisés dans des vins pétillants. Le sucre cristallisé provoque un très joli dégagement gazeux.

Contenants transparents, contenus en bonne vue

Menu explicite. Choisir des contenants transparents qui s'empilent, puis y répartir les plats d'un menu. Utiliser simplement des verrines qui s'emboîtent verticalement ou faire preuve d'originalité. Par exemple, empiler des verres ronds et les caler à l'horizontale. Disposer les couverts en paires pour former un mille-pattes.

Idées à conserver. Réaliser des confitures « bigoût » superposées. Panacher les fruits en conserve avec des puddings, gâteaux de semoule ou riz au lait cuits lors de la stérilisation.

Tubes à essai. Proposer de picorer un menu dégustation dans des tubes est désormais possible, puisque des cuillères et des fourchettes longues et fines ont fait leur apparition dans le commerce. Les avantages sont nombreux : on peut désormais jouer avec les couches, les couleurs, les transparences et les densités. Fermer avec un bouchon de liège et secouer pour faire naître de nouvelles sensations à la vue et au goût.

À la pêche. Remplir un bocal ou un autre contenant transparent avec une crème épaisse et fluide. Faire flotter des légumes ou des fruits, des gâteaux salés ou sucrés, en forme de canard et de cygne (en accord avec la crème). Confectionner des cannes à pêche avec des gressins ou des sucres d'orge. Voici une pêche aux canards pour rendre encore plus ludique une fondue d'anniversaire pour enfants.

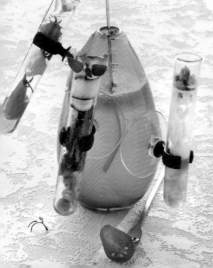

Beaux gâteaux ou *trendy cakes*

Décor en pâte. Les fameux *wedding cakes* américains gagnent peu à peu le reste de l'Occident. Que l'on opte ou non pour l'imposante architecture à étages, la diversité et la souplesse des décorations en pâte à sucre* sont éblouissantes. Les réalisations de certains gâteaux sont parfois de dignes œuvres d'art. Plus simplement, la pâte à sucre se révèle être aussi la complice des gâteaux d'anniversaire. Elle les recouvre en « beaux gâteaux tout rigolos » qui feront scintiller les yeux des enfants. La pâte d'amandes est d'une utilisation plus classique dans la pâtisserie française. Elle est appréciée dans les fruits en pâte d'amandes et autres petits décors de gâteaux ou étalée sur les fraisiers.

Décor en crème. Les gâteaux à la crème derrière les vitrines des pâtisseries font souvent rêver. Munies de douilles variées et garnies de crèmes tout aussi variées, les poches décorent moka, saint-honoré, bûches… selon des traditions bien définies. Mais l'influence anglo-saxonne souffle encore, et la France a désormais adopté d'autres gâteaux à la crème sous la forme des cupcakes. Ce sont de petits gâteaux cuits dans des caissettes en papier. Ils sont décorés sans règle précise, mais souvent de glaçages crémeux, au beurre*, au fromage frais*, à la crème fouettée. Petits, facilement et rapidement réalisés, ce sont plutôt des gâteaux confectionnés à la maison, notamment pour les enfants, que des pièces de pâtisserie. Cela n'enlève rien à leur beauté. À droite, un gâteau au miel de lavande cuit à même le bocal de miel, décoré d'une crème à la lavande et au pollen.

miel de lavande

Sucettes design

Piques. Tout bâtonnet est un premier pas dans le monde des sucettes : bâtons de sucette en papier, en bois ou en plastique, bâtonnets de crème glacée, mais aussi baguettes chinoises, brochettes en bois, piques d'apéritif… aptes à se faufiler dans un cœur tendre et à le maintenir.

Cœur. Le cœur est un élément principal. C'est un morceau de fruit (un cube de pomme, un grain de raisin), un morceau de fromage (un dé de pâte dure ou une boule de fromage frais compact), un morceau de gâteau (un minimuffin, une boule de cake), un bonbon tendre (un morceau de guimauve, un minirocher au chocolat), une crème prise en gelée ou une pâte à cheesecake moulée dans une jolie forme.

Enrobage. Selon la forme du cœur, la décoration se fait à la surface ou tout autour. C'est une crème au fromage, une ganache au chocolat, du caramel, un glaçage au beurre*, une gelée, une poudre de fruits secs, des céréales, un spaghetti ou une tagliatelle, des miettes de gâteaux, des perles décoratives, de la pâte d'amandes ou de la pâte à sucre*…

Décor final. La touche finale donne vie à la sucette et envie de la croquer. C'est de la poudre scintillante, un petit détail de décoration en plus, un pétale et trois gouttes déposés au bon endroit, quelques traits réalisés au feutre alimentaire pour compléter un portrait.

Paquets surprises

Contenants originaux, insolites ou esthétiques

Jeux de patience

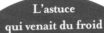

L'astuce qui venait du froid

Comment font les pâtissiers pour démouler à la perfection mousses et entremets pris dans un cadre ou dans une empreinte en silicone ? Ils utilisent le congélateur ! Laisser le dessert fragile entre 2 et 4 h au congélateur, il se démoulera très facilement. Il suffira ensuite de le laisser reprendre sa texture initiale au réfrigérateur.

Pastèque dépigmentée

Réaliser un jus de pastèque à la centrifugeuse, déguster aussitôt la mousse formée en surface, puis laisser décanter. Le colorant rouge monte en surface et le jus de pastèque devient presque incolore.

Sirops décoratifs

Pour réaliser de beaux nappages et des décors d'assiette soignés, il suffit de faire réduire doucement les jus de cuisson ou les jus de fruits. Ils deviennent sirupeux et se révèlent bien plus faciles à travailler.

Cuir comestible
Pour confectionner une sorte de tissu gélifié, réaliser un appareil de consistance assez épaisse, sucré ou lacté, et épaissi avec un texturant. L'étaler entre deux règles sur une fine épaisseur et laisser sécher à four très doux ou, en hiver, dans un endroit chauffé.

Dégradé gélifié
Préparer une gelée, verser un fond dans un récipient haut et étroit. Laisser prendre cette première couche et réserver le reste de gelée dans un endroit tiède. Ajouter 1 ou 2 gouttes de colorant dans la gelée et verser une nouvelle couche sur la première. Réitérer le processus plusieurs fois : le camaïeu se fondra en dégradé.

Poisson en croûte réaliste
Pour réaliser de superbes écailles de poisson en pâte feuilletée, envelopper le poisson dans une fine abaisse de pâte feuilletée suivant la forme du poisson. Découper de petits disques de pâte feuilletée et les coller, avec de l'eau ou du jaune d'œuf, en les superposant sur la première abaisse. Passer une dorure, faire prendre au frais puis faire cuire au four.

Fruits et légumes en guise de plat

Petits farcis. Fruits et légumes peuvent se transformer eux-mêmes en plats à gratin. Remplir des légumes provençaux, des champignons, des oignons, des navets, des pommes de terre précuites de farce ou d'œufs. Remplir des pommes, des poires, des pêches de garniture aux fruits séchés ou aux amandes. Faire cuire au four.

Bain-marie sans eau. Réussir une crème aux œufs sans bain-marie, c'est possible si le contenant isole de la chaleur du four. Évider fruits ou légumes (pommes, courgettes rondes, potimarron) et réaliser des crèmes aux œufs avec éventuellement un peu de pulpe cuite. Faire cuire à four moyen.

Pudding sans vapeur. Pour éviter de surveiller le niveau de l'eau et les 3 h de cuisson des recettes traditionnelles de pudding, faire cuire directement dans un gros fruit ou légume avec une peau épaisse (ananas, melon, potimarron). Couper un chapeau aux trois quarts de la hauteur. Évider le corps et le chapeau. Remplir le corps aux deux tiers de pâte à pudding préparée avec la pulpe. Couvrir avec le chapeau et le maintenir en enveloppant l'intégralité du fruit ou du légume de film alimentaire (oui, il supporte la cuisson !). Faire cuire à four doux.

Cupcakes sans *cup*. À l'origine, les cupcakes étaient cuits dans des tasses, d'où leur nom. On utilise aujourd'hui des caissettes en papier ou des empreintes en silicone, mais pourquoi ne pas les remplacer par des fruits ou des légumes évidés ? Par exemple, un cupcake à la crétoise (feta, olives, herbes, tomates, et glaçage au yaourt de brebis et au concentré de tomate) cuit dans une tomate, et sa version minicupcake dans une tomate cerise.

L'art du trou

Creuser son trou. Un trou dans
un fruit ne suppose pas forcément la
présence d'un ver. Évider fruits et légumes
et profiter de la place libérée. De façon classique,
remplir des tonnelets de petites pommes de terre creusées de crème et de saumon
à la nordique. De façon originale, creuser des trous ronds dans une courgette
pour la faire ressembler à de l'emmental. Remplir les trous de garnitures apéritives pour la transformer en une « courgette-saucisson » à trancher à l'apéritif.

Des trous pour les poches. La poche à douille est l'un des rares moyens
de garnir les cylindres évidés de blancs de poireau, des tubes d'angélique ou
des conchiglioni.

Plat multitrou. Un aliment qui présente de nombreuses concavités est un
prétexte à plat de dégustation. Remplir chaque creux d'une préparation différente.
Au besoin, aménager les trous selon la convenance. Par exemple, personnaliser des
gaufres, et pourquoi pas des gaufres salées ? On ajustera la taille des emplacements en
brisant les contours de certains carrés, et la gaufre se transforme en plateau-repas.

Aménager des trous. Comme certains jeans se vendent déjà troués, composer
des gels ou des mousses en aménageant des vides. Par exemple, couler des préparations et glisser des formes qui seront faciles à retirer après la prise. Les
ballons de baudruche sont un moyen sympathique pour créer des effets. Faire
prendre le gel avec le ballon gonflé puis le dégonfler pour le retirer.

Plats en feuilles I : petites bouchées de *finger food*

Cônes. Toute feuille souple et ronde, des crêpes aux tuiles chaudes, se roule en cône. Pour les façonner, s'aider de cônes en métal ou de cônes maison fabriqués en roulant du papier sulfurisé autour de papier d'aluminium tassé. Au besoin, utiliser un quart, une moitié ou la feuille entière, éventuellement doublée, maintenir avec de l'eau, de l'œuf ou un cure-dents, puis faire sécher. Les bandes souples permettent de former des cornes d'abondance. Fermer le cône avec un élément bloquant le fond : morceau de feuille, chocolat fondu à faire durcir…

Rouleaux. Pour réaliser des rouleaux de printemps en feuille de riz, des cannellonis de tubes de poireaux ou de tranches de céleri, des roulés de feuille de vigne, etc., former un tissu en posant côte à côte des tranches ou utiliser de grandes feuilles. Déposer la garniture sur le tiers inférieur, à 1 cm des bords. Rouler et rabattre le bord inférieur puis rabattre les côtés latéraux et finir de rouler. Maintenir bien serré dans du film alimentaire.

Roulés coupés. Procéder comme pour les cônes. Tasser les rouleaux dans des moules spéciaux (sushis) ou faire prendre au froid. Découper selon les encoches du moule (makis), en inclinant les tranches ou non. Utiliser une lame humide et tiède.

Pinces. Déposer de la farce au cœur d'une jolie tranche ou d'une feuille (tranches de chou-rave, de betterave, d'ananas). Remonter deux points diamétralement opposés et les pincer. À proposer en bouchées ludiques.

Plats en feuilles 2 : formes à cuire

Paupiettes et aumônières en paquets cadeaux. Emballer de la farce dans une feuille souple (fine escalope, omelette, crêpe) et maintenir avec une ficelle ou un ruban (zeste, ciboulette) en forme de paupiette, d'aumônière ou de paquet cadeau.

Feuilles en chemise. Chemiser (tapisser) les parois d'un moule avec des feuilles ou des tranches souples puis remplir l'intérieur de préparation. Rabattre éventuellement les feuilles sur la partie supérieure. S'assurer que le mélange est compact avant de renverser. Des exemples : charlotte de pain à la crème de noix, gâteaux de crêpes et pastillas, chartreuse de légumes.

Coupes et coupelles. Graisser des moules aux jolies formes pour éviter que la garniture n'attache. Foncer des feuilles souples (crêpes, feuilles de brick, de kadaïf ou de riz, tuile encore souple, tissu de légumes…). Fixer la forme par séchage au four ou par refroidissement et démouler.

Chaussons et ravioles. Étaler une pâte classique ou une pâte à won ton. La découper en bandes, en carrés ou en disques. Déposer des tas de farce. Replier la forme ou en apposer une autre en couvercle. Badigeonner d'eau les surfaces à assembler et presser pour coller. Découper si besoin. Les plaques à ravioles permettent de bomber les ravioles sur les deux faces (à défaut, on utilisera des boîtes à œufs). Les moules à chaussons marquent une superbe finition. Quelle que soit la méthode, on gagne du temps en effectuant chaque étape pour plusieurs pièces.

Atelier de poterie comestible

Prise à froid. La consistance de certains aliments leur permet, après cuisson, d'être façonnés avec les mains mouillées et tassés dans des moules en silicone humidifiés. C'est le cas du riz gluant, de la semoule de blé, de la polenta, du foutou, du foufou ou des purées de pommes de terre et de patates douces. Réfrigérer au besoin pour fixer la forme et démouler. Dorer éventuellement au four ou à la poêle.

Prise à chaud. Ajouter du blanc d'œuf (ou des œufs) au riz ou aux pâtes, puis chemiser des moules souples. Fixer la forme au four puis démouler. Si le séchage n'est pas homogène, prolonger la cuisson. Pour obtenir une sorte de nid, appliquer cette technique à des cheveux d'ange avec quelques algues ou utiliser de la pâte de kadaïf. Mouler, badigeonner d'huile et faire cuire au four.

Plats panés surprises. Des ingrédients fondent sous une forte chaleur alors que d'autres se solidifient. Tirer avantage de ce constat. Préparer des petits cubes de fromage, des petites boules de beurre d'escargot, des petites truffes au chocolat et les congeler. Quand ils sont bien pris, les tremper dans des œufs battus puis dans de la chapelure (ou de petits flocons), recommencer une fois puis les plonger dans la friture. Égoutter et servir aussitôt. Casser la croûte pour laisser écouler le cœur fondant.

Ajouter son grain de sel. Confectionner des assaisonnements spécifiques et les présenter dans des moules en pâte à sel. Varier les recettes de pâte à sel : modifier les quantités et incorporer d'autres ingrédients pour colorer.

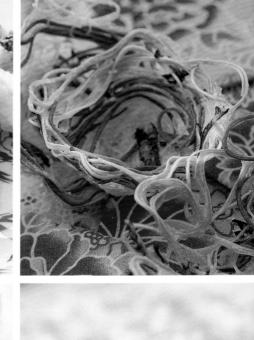

Brochettes aromatiques

Gousse de vanille. Ouvrir la gousse en deux et prélever les graines. Percer des morceaux d'aliments de bonne tenue. Enfiler la demi-gousse ou la gousse entière par les trous. Ajouter les graines dans la marinade ou la sauce accompagnant les brochettes. Exemples : brochettes d'ananas flambé au rhum, de veau au gingembre, de brioche perdue…

Branches, tiges, herbes aromatiques. Les brochettes sont moins souples, mais on procède comme avec les gousses de vanille. Exemples : roulé de lapin à l'ananas sur branche de romarin, kefta de poulet sur bâton de citronnelle, émincé d'agneau et perles d'olives en broche de thym…

Bâtons d'épices. Profiter de la dureté et de la solidité des bâtons pour créer de majestueuses brochettes. Enfiler les pièces ou les assembler dos à dos avec une « colle alimentaire ». Exemples : bonshommes aux épices et pâte praliné-gingembre, petites poires pochées au vin rouge en bâton de réglisse, boucliers d'artichaut au rhum et badiane sur bois bandé…

Fils comestibles. Former des brochettes souples, voire des colliers, avec des lacets de bonbon, des spaghettis de fruits et de légumes. Exemples : plutôt que le traditionnel bijou en pépins de melon de la fête des Mères, préférer la parure de boules de melon multicolores en fil de réglisse (au muscat anisé), les cubes de tartare de saumon et de pommes vertes au wasabi sur fil de poireau, les cookies troués nappés au chocolat attaché par un zeste d'orange…

Os, arêtes et coquilles détournés

Tomber sur un os... et un gros. Conserver les os à moelle et autres beaux os. Faire cuire des légumes dans un bouillon parfumé de ces os. Présenter os, écrasée de légumes et toasts avec art. Par exemple, verser du gros sel ou un condiment au raifort dans les os.

Ronger son os. Réserver les os de poulet en forme de tige. Jeter ceux qui sont fins, trop dangereux. Bien gratter les autres, les faire sécher au four au besoin. Présenter les petits os en brochettes apéritives avec des morceaux de saucisse de volaille ou de petits morceaux de poulet marinés au curry et des cubes de mangue ou de kiwi. Faire griller des boulettes de volaille façon kefta sur les os les plus gros.

Pas de quoi s'étrangler. Certaines arêtes de poissons sont grosses et compactes. Conserver les arêtes délicatement nacrées pour constituer un service à amuse-bouche unique. Par exemple, sous les ouïes du mulet, poisson peu onéreux, se trouvent de jolies cuillères à apéritif.

Une coquille dans le menu. Les coquilles de fruits de mer et d'œufs nettoyées, séchées et bien calées offrent des nids douillets. En outre, elles résistent au four et au gril. Par exemple, recouvrir les coquilles de couteaux maintenus sur du gros sel avec une salade de couteaux ou verser une mousse au chocolat dans une coquille d'œuf ensablée dans une dune de miettes de crumble.

Recyclage d'emballages

Boîtes de conserve. Elles peuvent servir de plats de présentation : du pâté de thon maison servi dans une boîte de thon, des rillettes de sardines dans une boîte de sardines… Mais il y a plus élaboré. Chemisées de papier sulfurisé, elles se font moules à gâteaux. Par exemple, utiliser du papier d'aluminium pour délimiter des couronnes dans une boîte de conserve cylindrique et couler les pâtes d'un marbré en alternant les couleurs : chaque tranche devient une cible. Avec de solides pinces et des ciseaux robustes, les boîtes se transforment également en découpoirs ou en cercles à pâtisserie. Protéger les côtés tranchants.

Boîtes de fromage et de beurre. Elles ont des formes variées – rondes, carrées, en cœur. Les tapisser de papier sulfurisé puis y faire cuire clafoutis, fondants au fromage ou cakes et brioches « pur beurre ».

Sacs en filet. Les filets contenant des oranges, des pièces en chocolat, etc. sont utiles pour laisser des empreintes. En outre, ils font office de sacs réutilisables. Mouler par exemple des saucissons de chocolat et les présenter emballés dans un filet.

Pots de yaourt, verrines et barquettes d'aluminium. Les pots en verre se métamorphosent en germoirs. Choisir une grille adaptée aux graines (étamine, mousseline), découper à la bonne dimension et maintenir à l'aide du couvercle du pot évidé. Placer dans une boîte à œufs aseptisée ou un manège à œufs.

Pique-nique écologique

Plateau-repas tout à manger. Disposer sur une toile de cuisson des emporte-pièces en forme de couverts et des coupelles retournées en guise d'assiette et de verre. Les badigeonner d'huile et les recouvrir d'une pâte brisée très souple. Faire cuire au four, démouler et retourner.

Sac de femme-sandwich. Dans un petit pain, découper des anses de façon à reproduire un sac. Dorer un motif et passer sous le gril du four.

Couverts et vinaigrette à salade tout en un. Afin d'éviter de renverser la vinaigrette dans le panier à piquenique, pourquoi ne pas l'emporter sous une forme solide ? Faire gélifier une vinaigrette en y dissolvant à chaud de l'agar-agar. La couler sur une petite épaisseur, faire prendre et découper en forme de couverts. L'assembler en sandwich entre deux sablés salés à l'huile en maintenant avec des herbes aromatiques. Déguster un morceau de couvert à chaque bouchée de salade.

Set de table. Mixer une crème anglaise épaissie au chocolat blanc, à la gomme konjac ou à l'amidon de maïs, l'étaler finement puis la faire sécher au four ou sur un radiateur jusqu'à obtenir un tissu souple. On peut ainsi découper dedans un set de table à déguster en guise de dessert.

Pains pas quotidiens

Pain surprise. La surprise vient de la boîte. Par exemple, une boîte cylindrique à CD vierges, dans laquelle on enfilera des pitas percés en leur centre, ouverts et garnis. On peut aussi détailler de petits disques dans des pains aux couleurs variées, les assembler par paires de même couleur avec une crème assortie et les présenter dans une boîte de macarons.

Pain roulé. Utiliser du pain en tranches ultra moelleux (il existe même du pain de mie en grandes plaques rectangulaires sans croûte, idéal pour cette recette). Retirer la croûte s'il y en a et aplatir la mie au rouleau à pâtisserie. Beurrer et déposer 2 tranches fines et souples de fromage ou de charcuterie. Placer sur du film alimentaire et rouler en serrant bien. Rabattre le film et rouler le boudin en tenant les extrémités du film pour mieux le comprimer. Nouer sur les côtés et mettre au froid pour fixer la forme. Servir en boudins ou tranchés.

Pain sculpté. Tailler des escarpins de Cendrillon dans des épis au pavot, des chaussons de grand-père dans de courtes baguettes viennoises, des tongs de plage dans de petits pains …

Play toast. Pour un apéritif ludique, réaliser des dominos en décorant de petits toasts carrés. Découper la croûte d'un côté de chaque toast, beurrer cette coupe et coller les carrés par paires. On peut aussi confectionner des mikados en tartinant les croûtes de grandes tranches de pain souple avec des condiments, que l'on fera ensuite griller au four. Pour faire un dé, faire congeler de la mie de pain, y découper un cube, enfoncer des graines sur chaque face pour représenter les nombres et le passer sous le gril.

Jeux de transparence

Soupe en sachet. En sachet… mais maison. Préparer un bon bouillon (de légumes, de bœuf ou dashi) et le verser dans un sac alimentaire solide et transparent. Ajouter quelques ingrédients puis fermer avec un lien « serre-joint » alimentaire autour d'une paille et accrocher éventuellement un couvert en bois ou en bambou.

Papillote en film de cuisson. Les films de cuisson thermorésistants ressemblent à du papier cristal de fleuriste, mais résistent à la chaleur. Les utiliser de façon classique en papillotes transparentes (four, vapeur, micro-ondes) ou sur des plaques chauffantes (galetière, plancha) fermés par une jolie pince.

Bulle en film étirable. Le film étirable adapté à la congélation et à la cuisson au four à micro-ondes est conçu pour résister aux hautes températures (175 °C pour certains). Créer des papillotes bulles : tapisser un bol de film alimentaire, le garnir puis fermer hermétiquement avec un élastique thermorésistant. Faire cuire à la vapeur ou dans de l'eau bouillante pour faire gonfler la papillote.

Bourse d'infusion. Utiliser de fines mousselines transparentes ou du tulle aux mailles serrées et réaliser ses propres sachets d'infusion. Mélanger des aromates secs et des épices entières pour des bouillons, ou des herbes et des fleurs pour les thés et les tisanes, en veillant à ce que cela soit aussi beau que bon.

Boîtes, coffres et cages

Coffre meringué. Dessiner au préalable le patron du coffre. Prévoir éventuellement des décors, en meringue ou non. Réaliser les différentes faces en meringue puis les assembler à la glace royale*. Confectionner par exemple un coffre à bijoux à croquer.

Caisses et cages. Dessiner au préalable les planches composant la caisse. Les réaliser en pâte à tarte puis les assembler avec de la colle alimentaire ou en creusant des planches pour en imbriquer d'autres. Pour les cages d'animaux, réaliser des toits et des fonds pleins, et des planches étroites en guise de barreaux. Pour les cages à oiseaux, mouler la pâte en dôme (par exemple sur l'envers d'un bol renversé) avec un bord pour le haut de la cage, un disque de même diamètre pour la base et réaliser de fins gressins pour les barres. Percer légèrement le bord du dôme et du fond pour insérer les gressins.

Le diable sort de sa boîte. Réaliser une boîte cylindrique creusée en fruits ou en légumes. Avec des instruments de sculpture de fruits et légumes, réaliser un ressort et des boules, ainsi que les détails du diable.

Plumier. Découper un pavé dans un gâteau ou faire cuire une pâte à gâteau en forme de pavé. Réaliser le couvercle en pâte à tarte fine. Évider et inciser deux lignes pour glisser le couvercle.

LIBÉRONS LES ÉLÉPHANTS

La cerise sur le gâteau

Décors autonomes à ajouter sur un plat

Loisirs créatifs à croquer avec les enfants

Bouquet sucré

Réaliser une pâte à crêpes, la colorer et faire cuire les crêpes. Découper dedans des disques à bords cannelés à l'aide d'un emporte-pièces ou d'une roue dentelée. Placer ces disques sur l'envers de moules à muffins et les faire sécher rapidement au four. On obtient ainsi des corolles rigides. Placer dans chaque corolle un marshmallow rose ou blanc incisé représentant le cœur de la fleur. Glisser un bâtonnet dans le trou de la corolle puis dans le marshmallow. Réitérer l'opération et regrouper les fleurs dans un vase.

Cookies customisés

Préparer une pâte à cookies (sans pépites) et prélever de grosses noix de pâte. Former des boules et les espacer sur une toile à pâtisserie. Aplatir avec le plat de la main et incruster des fruits confits, des sucres colorés, des graines séchées, des bonbons pour former des visages, des spirales, des dessins…

Voitures colorées

Réaliser des voitures et des motos en pâte à biscuits (secs) à l'aide d'emporte-pièces spécifiques. Assurer l'assemblage et le tuning des véhicules à la glace royale* et dérouler devant eux un circuit en lanières de bonbons.

Couronne de roi

Découper une bande de pâte feuilletée en s'inspirant des couronnes de carton doré offertes avec les galettes des rois. Enrouler cette bande autour d'un cercle à pâtisserie d'un diamètre proche de la tête du futur roi et la fixer. Dorer et réserver au frais pendant 30 min, préchauffer le four et faire cuire à four très chaud, pour qu'elle n'ait pas le temps de retomber.

Masques à dévorer

Découper des masques dans du pain suédois souple. Leur donner une forme arrondie en les plaquant sur un saladier retourné. Décorer avec de la glace royale* additionnée de colorants.

Jardin suspendu

Cultiver son jardin personnel de graines germées dans une assiette en plastique fin perforée. La maintenir au-dessus d'une autre assiette à l'aide de 3 galets disposés en triangle. Arroser les graines matin et soir pendant quelques jours et vider l'eau de l'assiette inférieure. Quand les germes sont beaux, les mettre au menu : les manger dans l'assiette même, aspergés de vinaigrette, avec de la purée et du jambon.

Décors d'œufs « même pas durs »

Teinture pour les œufs durs. Pour marbrer des œufs, les faire cuire comme des œufs durs dans de l'eau colorée additionnée de sel et de vinaigre blanc. Quand ils sont presque cuits, tapoter leur coquille sans la retirer, pour la fendiller, les remettre dans l'eau de cuisson et laisser tremper hors du feu et à couvert (pendant quelques minutes si le colorant est puissant, pendant toute une nuit si l'on utilise simplement du thé foncé). Ensuite, écaler les œufs : la teinture apparaît dans les fissures. On peut aussi décorer les œufs durs au tampon ou teindre l'œuf en coquille comme un œuf de Pâques.

Mouler les œufs durs. Transformer un œuf cuit dur en une voiture ou un lapin grâce à un yudetama-gokko. Ce moule spécifique japonais, accessoire de bento, tasse et moule les œufs durs encore chauds. Choisir des œufs de petit ou moyen calibre.

Mouler les œufs au plat. Des minipoêles, des moules en silicone ou à tige, aux formes variées, sont dédiés à la cuisson des œufs au plat. À défaut, utiliser des poêles à blinis, des découpoirs en métal ou des cercles à pâtisserie bien huilés. Les utiliser également pour couler omelettes et œufs brouillés.

Décors en œufs durs. Pour réaliser un faux champignon, placer une demi-tomate évidée sur un œuf dur dont la base aura été sectionnée pour assurer sa stabilité. Utiliser des tomates cerises et des œufs de caille pour une version mini. Décorer de pointes de mayonnaise. Pour réaliser une marguerite, passer le jaune d'œuf au presse-ail ou à travers une passoire en guise de cœur et découper le blanc en pétales tout autour. On peut aussi former des yeux à partir de tranches d'œufs de caille décorées d'une rondelle d'olive noire.

Astuces pour réussir la friture

Mise en forme avant le bain. Pour varier la forme des frites, bien rincer les pommes de terre puis les sculpter en forme de ressort, de spaghetti ou de tagliatelle avec des instruments de décor, ou en forme de chips ou de gaufrette à la mandoline. On peut aussi tapisser des paniers ou des nids (ou des petites passoires) de julienne coupée à la mandoline.

Consignes sur la baignade autorisée. Préférer l'huile de tournesol ou l'huile pour friture. Ne pas dépasser 180 °C, filtrer à chaque usage et renouveler l'huile régulièrement dans sa totalité. Ne pas introduire trop d'ingrédients sous peine de descendre excessivement la température du bain. C'est ainsi que les fritures sont joliment dorées et saines. Faire frire les ingrédients fins en un seul bain à 165 °C, les frites en deux bains (doux pour cuire puis très chaud pour dorer), les pommes soufflées en deux bains très chauds. Les pièces à frire doivent être bien séchées. Paner les éléments fragiles. Enrober les pièces de pâte à beignets pour obtenir un effet soufflé ou de pâte à tempuras pour un effet perlé. Enchevêtrer de fils en emballant les pièces de pâte de kadaïf. Faire le test de faire frire de la couenne de lard : résultat surprenant !

Tenues après le bain. Bien égoutter et assaisonner. Dresser les pommes pont-neuf (frites larges) en stères et les pommes allumettes (frites fines) en buisson. Ne jamais couvrir. Faire cuire dans un four très chaud si la pâte semble terne et molle.

Décors en sucre traditionnels

Caramel. Préparer un caramel. Pour réaliser un nid, huiler une louche et entrecroiser des filets. Pour obtenir de petites pièces caramélisées à tige, piquer des pièces sèches puis les plonger dans le caramel avant de les maintenir à la verticale pincées sur un séchoir. Pour former une sorte de houppe conique de caramel sur un verre, le tenir à l'envers et tremper le bord dans le caramel. Pour faire des cheveux d'ange, tremper deux cuillères dos à dos ou un fouet dont on a coupé les tiges pour ne laisser que leur départ et agiter énergiquement au-dessus de deux manches d'ustensiles huilés posés côte à côte (espacés) sur une toile de cuisson. Quand la quantité est suffisante, façonner le décor. Conserver à l'abri de l'humidité.

Sucre coulé. Pour créer des décors semblables à du verre, préparer des formes en pâte à modeler ou en aluminium huilé sur une toile de cuisson. Préparer du sucre coulé*. Après 2 min d'attente, quand le sucre ne fait plus de bulles, le verser à l'intérieur des formes. Démouler quand le sucre est figé. Pour colorer ou opacifier, ajouter du colorant ou du dioxyde de titane en fin de cuisson. Assembler et décorer avec de la glace royale*.

Sucre d'imitation. Utiliser du sucre rocher* pour imiter la rocaille et les ruines, et de la barbe à papa en guise de nuage, de coton, de voile…

Papier de sucre. Verser du sucre coulé* en fine épaisseur sur du papier sulfurisé. Partir du centre. Quand le sucre est modelable, donner la forme souhaitée au papier. Laisser refroidir et retirer le papier avant durcissement. Pour réaliser du sucre bullé, parsemer au préalable le papier sulfurisé de gouttes d'alcool à 90°.

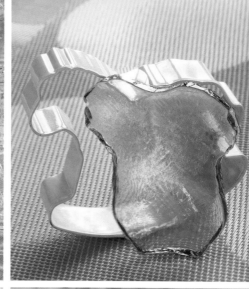

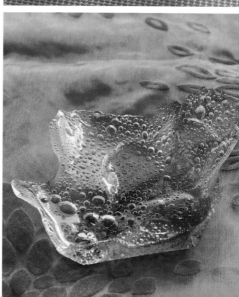

Décors en sucre :
pastillage, meringue et isomalt

Pastillage*. Pour réaliser de fins décors opaques, étaler la pâte à pastillage*, la découper et la faire sécher dans des moules pour fixer la forme. Travailler rapidement, par petites quantités, et utiliser de la fécule ou de l'amidon en guise de farine. Colorer dans la masse ou colorier après séchage (au pinceau, au feutre ou à l'aérographe). Assembler avec de la glace royale*.

Meringue. Intensifier le blanc avec du dioxyde de titane. Saupoudrer la meringue avant cuisson avec du sucre glace pour la rendre plus brillante, puis de sucre pétillant ou de noix de coco râpée pour des effets pailletés.

Élégance en isomalt. L'isomalt se fait fondre à sec, sans précaution particulière. Une fois qu'il a atteint 160 °C, réaliser des décors dignes des professionnels du sucre. Pour le faire satiner, le verser sur une toile de cuisson et repousser les bords sur la masse, à l'aide d'un triangle huilé, jusqu'à épaississement. Prélever une boule et maintenir le reste au chaud. Replier la boule sur elle-même avant de l'étirer et répéter l'opération une quinzaine de fois. Former des pétales, des ressorts enroulés autour de manches, des bulles…

Feuilles et plaques d'isomalt. Pour les feuilles, parsemer une toile de cuisson d'isomalt, recouvrir avec une autre toile et faire cuire à 180 °C pendant environ 15 min. Laisser un peu refroidir puis décoller et mettre en forme. Pour les plaques, verser l'isomalt fondu sur une toile, parsemer de motifs (sésame, pétales), recouvrir d'une seconde toile et abaisser finement. Laisser refroidir. Briser en morceaux.

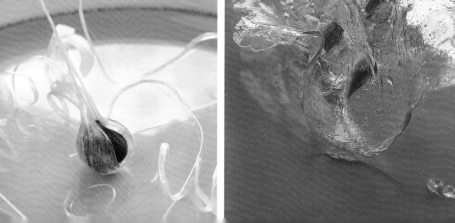

Décors en chocolat sur Rhodoïd®

Bande de chocolat. Découper des bandes de Rhodoïd® (de la longueur du tour du gâteau à décorer et de même hauteur) ou selon les pièces d'un patron. Placer sur une toile puis verser le chocolat fondu (tempéré) dessus et l'étaler finement à la spatule en débordant. Soulever, rectifier les bords et placer sur une toile propre. Quand le chocolat commence à figer, placer une extrémité de la bande contre le gâteau et dérouler au fur et à mesure en appliquant délicatement tout en décollant la feuille. Au besoin, assembler les pièces durcies avec du chocolat fondu.

Décors géométriques. Verser le chocolat fondu sur du Rhodoïd®. Étaler à la spatule et laisser refroidir. Quand le chocolat commence à figer, tracer des lignes avec la tranche d'une spatule ou les dents d'un racloir. Rouler la feuille selon la forme souhaitée, dans un verre, avec du ruban adhésif au besoin. Détacher quand le chocolat est pris.

Touches personnalisées. Faire couler aléatoirement le chocolat ou dessiner des motifs au stylo sur du Rhodoïd®. Procéder ensuite à l'identique des décors géométriques précédemment cités. Pour réaliser une coupelle, couler un disque fin et foncer la feuille dans une coupe.

Vitrail. Placer une feuille de Rhodoïd® sur un motif à recopier. Tempérer les chocolats et colorer le chocolat blanc selon le motif. Réaliser les détails au stylo (ou au cornet), notamment les contours. Laisser prendre au frais avant de recouvrir avec la couleur de fond. Laisser figer avant de décoller la feuille.

Décors en chocolat multisupport

Décors en relief. Choisir de belles empreintes : feuille de laurier, peau d'orange ou d'avocat, caissette de muffins, feuille de structure… Étaler du chocolat fondu (tempéré) au pinceau, à la cuillère ou à la spatule. Reverser l'excédent. Pour le travail au pinceau, redonner une ou deux couches après séchage. Décoller quand le chocolat est pris.

Copeaux, cigarettes… Pour réaliser de petits copeaux, râper l'épaisseur de larges tablettes avec un épluche-légumes. Former de longs copeaux avec une plaque réalisée en chocolat tempéré. Pour les cigarettes, verser du chocolat fondu sur une plaque lisse et froide en métal. Étaler sur 2 mm d'épaisseur. Quand le chocolat commence à prendre, le racler en poussant avec une spatule inclinée à 40°. Former des éventails en accentuant l'appui sur l'un des côtés. Réchauffer éventuellement du plat de la main sur l'envers de la plaque pour aider le chocolat à s'enrouler. Pour former du vermicelle, gratter un zesteur sur le chocolat un peu refroidi.

Fils de chocolat. Verser le chocolat fondu (tempéré) en filets sur une plaque en métal préalablement congelée. Faire une dizaine d'allers-retours et décoller à la spatule quand les fils sont encore souples. Rassembler selon la forme souhaitée.

Moules et plaquettes. Procéder comme avec les moules en relief cités précédemment pour remplir les moules (souples ou en polycarbonate). Réaliser des plaquettes originales en marbrant, fourrant, décorant à l'endroit ou à l'envers des moules à plaquettes de chocolat.

Décors en gel

Avoir la forme. Verser les gels dans des moules souples et humides ou recouverts de film alimentaire. Pour créer du relief, ajouter des « obstacles » à retirer ensuite ou faire des tailles au découpoir. Pour des tissus instantanés, verser des gels à prise rapide sur une surface froide.

En avoir une couche. Marquer les couches en les faisant prendre peu à peu. Effet penché : incliner les couches en calant les contenants dans des boîtes (d'œufs). Effet fusion : verser délicatement le gel (liquide) sur la couche précédente encore tremblotante. Autre effet fusion : verser le gel liquide chaud sur des ingrédients colorants surgelés. Effet flottement : utiliser la même technique en répartissant des ingrédients juste après avoir versé le gel. Effet passe-murailles : maintenir un élément droit avec des pinces, puis verser les gels.

Être vernis. Verser un gel liquide sur la surface à vernir, comme le dessus d'une tarte. Veiller à ce que la gelée ne puisse pas s'écouler. Pour faire briller de petites pièces, les badigeonner de gel prêt à prendre ou les plonger dedans. Les colorants irisés subliment les gels transparents.

Cuisine moléculaire. La sphérification crée des perles (petites billes ou grosses ravioles) au cœur liquide. La perle est déposée dans un bain, et une réaction entre la perle et le bain a lieu et fixe la paroi de la perle. Pour stimuler la réaction, plonger des boules glacées dans des gels souples à prise rapide, à l'aide d'un cure-dents. Pour de simples perles, faire tomber à la pipette des gouttes de gel à prise rapide dans un bain d'huile froide, les récupérer à l'écumoire et bien les rincer. Pour obtenir des spaghettis, remplir des tubes de ces mêmes gels à la seringue.

Écumes, émulsions et mousses

Mousse classique. Varier les bulles des mousses en les réalisant à partir de crème fouettée, de blancs en neige, de meringue, d'appareil à bombe ou de gel mousseux. Pour ce dernier, fouetter un liquide gélifié, le faire légèrement prendre au frais, puis le fouetter à nouveau avec un liquide froid. Réfrigérer et fouetter deux fois jusqu'à obtenir une belle émulsion. Faire prendre dans la forme finale.

Bulles siphonnées. La crème entière, les blancs d'œufs, les gels et les stabilisateurs sont à la base d'émulsions, éphémères ou non, extraites d'un siphon rempli de gaz (CO_2 ou N_2O). Pour obtenir une mousse légère, placer des cubes de gelée dans un siphon à chantilly, introduire le gaz (d'eau de Seltz), réserver au frais pendant 3 h puis extraire dans un verre. Boire aussitôt ou conserver pendant 12 h.

Écume. Les écumes naissent d'un siphon ou d'un mixeur plongeur. Préparer un gel léger ou un liquide additionné de gomme xanthane ou de lécithine de soja. Mixer à la surface, en incorporant le maximum d'air. Laisser un peu reposer avant d'émulsionner à nouveau. Récupérer les bulles au fur et à mesure et utiliser aussitôt. Pour créer des bulles semblables à des bulles de savon, utiliser une pompe d'aquarium.

Mousse à réaction. Les rencontres des acides et des bases sont explosives. Mélanger acide (citrique, ascorbique…) et bicarbonate de soude en tant pour tant avec d'autres poudres (sucre, épices…) et saupoudrer un liquide devant les invités. Plus simplement, verser un filet de jus de citron sur un rail de bicarbonate de soude.

Bulles, boules et coques de fromage

Boule de mozzarella. Faire chauffer un morceau de mozzarella au four à micro-ondes. Quand il est fondu, éponger et travailler rapidement. Remettre au four pendant quelques secondes pour homogénéiser et sécher. Travailler puis étaler et rabattre les bords sur la pointe d'une poire à jus (à défaut, sur la pointe d'un stylo bille vidé). Souffler pour former une bulle et serrer la pointe. Il est aussi possible de garnir la bulle à l'aide d'un siphon.

C'est de la balle… de sport ! Rouler des boules de fromage frais compact. Les marquer éventuellement en les roulant sur des surfaces à relief. Poser des masques en cire (provenant de fromages) ou des lacets (ciboulette, bonbon, zeste…) faisant office de pochoirs, puis rouler dans des épices ou de la poudre (fruits secs, gâteaux, céréales mixées…). Retirer les masques, ajouter quelques décors et mettre au frais.

Pac-Man. Réaliser un jeu de Pac-Man avec du fromage et de la cire de Babybel®. Modeler la cire en Pac-Man et en fantômes, réaliser des boules avec des cuillères parisiennes dans des fromages tendres et fabriquer le labyrinthe en pain.

Nacelle coque. Réaliser une coque en croûte de fromage creusée ou en cire. La garnir de tranches qui feront office de couverture. Modeler des boules de fromages mous pour créer un bébé et des accessoires. Il est aussi possible de garnir la coque de boules de fromage et de la proposer avec des piques lors d'un buffet.

Tuiles

Tuiles classiques. La plupart des pâtes à tuiles sont mises au froid pour faciliter la prise. Disposer 5 cuillerées de pâte par toile de cuisson bien espacées. Les étaler avec les dents d'une fourchette ou le dos d'une cuillère. Incorporer morceaux et couleurs dans la pâte ou ajouter un liseré coloré après le début de la cuisson. Mouler les tuiles encore chaudes : bombées sur des manches ou des rouleaux, roulées sur des rouleaux ou des cônes, dans des coupelles, etc. Veiller à ce que la face côté toile soit la moins visible.

Tuiles abaissées. L'appareil de certaines tuiles est une pâte collante. Étaler finement entre deux toiles de cuisson. Selon la consistance, retirer la toile supérieure et détailler les tuiles ou mettre au four et retirer la toile supérieure quand la pâte n'adhère plus. Les bonbons mous et tendres s'abaissent facilement et forment des tuiles sans cuisson.

Tuiles au pochoir et cristallines. Si l'appareil à tuiles est fluide, compact et ne s'étend pas à la cuisson, poser un pochoir sur une toile de cuisson et étaler finement sur le motif en débordant. De même, saupoudrer de mélanges de poudres de sucre ou de bonbons au-dessus d'un pochoir. Retirer. À défaut de pochoir, découper un motif dans une feuille plastifiée. Les bonbons posés simplement sur une toile donnent aussi de très jolis résultats.

Tuiles détaillées. Certaines pâtes se détaillent après cuisson : nougatine, gavottes, etc. Travailler vite et remettre au chaud pour assouplir les tuiles si elles durcissent trop vite.

Décors séchés

Comme un herbier. Faire sécher des tranches fines, des peaux de fruits et de légumes, des pétales de fleurs ou des herbes aromatiques, à four doux (de 70 à 90 °C), au déshydratateur, au four à micro-ondes ou à l'air libre. Citronner les aliments qui s'oxydent, tremper les tranches de fruits dans un sirop de sucre au préalable (confire à chaud ou mariner à froid) ou saupoudrer de sucre glace. Faire sécher les pétales badigeonnés de blanc d'œuf ou de gomme arabique et rouler éventuellement dans du sucre. Faire sécher au four de fines tranches de fruit ou de légume entre deux feuilles de papier sulfurisé pour obtenir des chips bien plates (sinon elles gondolent). Une fois réduites en poudre, elles apportent saveur et couleur aux assaisonnements.

Affiner. Confectionner des tuiles sèches en charcuterie et en fromage. Utiliser le fromage en tranches fines ou râpé et faire sécher au four ou dans une poêle sur feu doux.

Tenue au séchage. Modifier la consistance des pulpes, des préparations lactées avec des texturants (gomme konjac, amidon, fécule, kuzu ou gels). Étaler très finement et régulièrement puis faire sécher en feuilles souples ou cassantes. L'humidité amollit les feuilles par la suite.

Feuilles ondulées. Plusieurs solutions : aplatir du pain ; superposer des feuilles de filo ou de brick badigeonnées d'huile et saupoudrées de graines et d'épices ; coller de fines herbes sur des feuilles de riz humides, etc. Dans tous les cas, en chemiser des moules ou des plaques ondulées et faire sécher.

Détails croustillants

Croustillant au pinceau. Pour réussir des dentelles irrégulières, tremper un pinceau large dans des appareils à tuiles ou à condiments croustillants*. Tirer un trait de 10 cm de long sur une toile de cuisson et faire cuire.

Détail à la poche. Avec une poche à douille, créer des décors en pâte à choux, une boule et un arc pour un panier ou un « S » pour un cygne. L'astuce est de découper la boule et de partager le couvercle en deux. Avec une douille de petit diamètre et une poche remplie de pâte à choux ou à condiments croustillants*, créer de fins reliefs. Réaliser des décors fins sur l'envers de moules souples ou chemisés de papier sulfurisé.

Petites choses à grignoter. Pour réaliser du pop-corn maison, faire chauffer des grains de maïs secs dans un wok couvert et les faire sauter. Ajouter l'assaisonnement en fin de cuisson. Pour personnaliser des mélanges apéritifs, faire sauter pois chiches, fèves, grosses pâtes, etc. (cuits et égouttés) à feu vif pour les colorer et les rendre croquants. Bien assaisonner, notamment avec des épices colorées.

Croustillants crépitants. Feuilletés : badigeonner de la pâte feuilletée, de la pâte filo ou des feuilles de brick de beurre fondu ou d'huile et saupoudrer d'épices ou de sucre, puis superposer ou torsader les feuilles découpées. Crackers : enrober délicatement des céréales soufflées ou des crêpes croustillantes d'une ganache refroidie, de Nutella® ou de guimauve fondue. Façonner avec les mains ou abaisser entre deux toiles. Réserver au frais.

Décors givrés

Effet glacé. Pour donner au verre une apparence glacée, le mettre pendant quelque temps au congélateur. Une fois sorti, il dégivrera peu à peu.

Effet givré. Pour réaliser un granité, congeler un liquide aromatique (bouillon, jus de fruits ou de légumes, sirop) dans une grande plaque. Quand il commence à prendre, le gratter avec les dents d'une fourchette toutes les demi-heures. Servir quand les paillettes sont belles. Une autre solution consiste à laisser prendre totalement le liquide avant de le mixer avec un robot puissant. Les liquides avec des gels et du glucose fondent moins vite.

Glaçons colorés et végétaux. Teinter les glaçons en ajoutant un trait de sirop coloré ou une goutte de colorant. Réaliser des glaçons surprises en plaçant au cœur de petites fleurs, des pétales, de fines tranches de fruits frais ou séchés ou de petits fruits.

On the rocks. Pour réaliser une coupe de présentation en glace, choisir deux contenants transparents, l'un s'emboîtant largement dans l'autre. Intercaler des glaçons entre les deux et verser de l'eau, éventuellement colorée et additionnée de décors (pétales, petits fruits…). Faire prendre au congélateur et démouler. On l'utilisera pour servir par exemple une soupe glacée.

Poudres aux yeux

Poudre en forme. Tamiser les poudres pour obtenir un effet velouté et protéger les espaces à ne pas saupoudrer. Utiliser des pochoirs pour donner des formes particulières. Au contraire, souffler sur de petits tas de poudre pour obtenir des résultats aléatoires sympathiques. Pour former des tas bien coniques, verser les poudres dans de petits cônes, tasser et retourner directement sur la surface à décorer.

Fixer les poudres. Pour maintenir les poudres, si les surfaces à décorer sont sèches, badigeonner d'huile ou de sirop.

Des poudres d'imitation. Simuler le sable, la terre, la neige, la cendre, grâce à des poudres plus ou moins grossières. Réaliser des miettes de crumble, concasser des biscuits, mixer avec de la maltodextrine, râper de la mie, gratter des bouquets de chou-fleur, utiliser des graines de sésame blond ou noir, des graines de pavot, de nigelle, d'amarante, de quinoa, de couscous ou de boulgour. Imiter la pelouse avec de la poudre de pistaches.

Des poudres d'assaisonnement. Utiliser des cristaux de sel ou des graines d'épices colorées. Concasser des bonbons. Faire sécher des écorces d'agrumes, des olives noires, des carapaces de crustacés, etc. et les réduire en fine poudre dans un moulin à café. Associer les saveurs en jouant sur les couleurs, les transparences, la grosseur des graines et donner la touche finale des plats grâce à ces subtils assaisonnements.

Travail manuel

Emprunts aux autres métiers d'art et d'artisanat

De l'art à même l'assiette

Paul Éluard

Ah oui, la terre est bleue comme une orange, qu'il disait ? Prélever la peau de quatre quartiers d'orange non traitée. Choisir une peau souple et en relief. Mouler du chocolat blanc tempéré marbré de bleu sur les quartiers. Reconstituer l'orange en remplaçant la peau par le chocolat.

Caricature

O + O = la tête à Toto, n'est-ce pas ? Un principe mathématique et esthétique à lancer à une tablée d'enfants comme thème de décoration de son assiette de frites au ketchup. Selon la forme des frites, Toto fera plus ou moins la tête.

Jackson Pollock

Verser, jeter, étaler, répartir des sauces dans un grand plat de présentation à la façon de l'artiste américain, lors d'un buffet. À chacun d'y ajouter son gribouillage en y trempant des gressins, du pain, des légumes en bâtonnets ou du fromage.

**Art déco,
art des peaux**
Nettoyer de la peau de volaille
ou de la peau blanche de poisson
(de type turbot). Modeler éventuellement,
par exemple en abat-jour. Faire doucement
sécher au four pour obtenir une matière
translucide et croustillante.
Dans une version végétarienne,
on peut faire de même
avec des feuilles
de riz.

Vitraux de sucre
Reproduire l'élégance
des différentes techniques
du travail du verre avec
le sucre : sucre coulé coloré,
tuiles avec des bulles, papier
de sucre, isomalt tiré,
soufflé…

Sculptures éphémères
Pas d'idée de cadeau pour votre
prochain anniversaire ? Faites-vous
offrir des gouges, scalpels, évidoirs
et autres outils spécialement conçus pour
sculpter les légumes ! Il existe de nombreux
livres et sites sur le sujet. Commencez
par vous entraîner avec un petit couteau
sur des radis ou des poireaux :
une fois trempés dans l'eau glacée,
ils s'ouvrent d'eux-mêmes…

Potier

Pâte d'amandes. Utiliser de la pâte d'amandes « confiseur » qui se conserve bien (66 % de sucre, 33 % d'amandes). Pour la travailler facilement, saupoudrer légèrement le plan de travail de sucre glace, mais pas trop pour ne pas l'assécher. Pour colorer dans la masse, mettre du colorant en gomme au creux d'un puits, rabattre les bords et fraiser jusqu'à obtenir le résultat recherché. Modeler à l'aide d'ébauchoirs et assembler les morceaux avec de l'eau. Colorer les détails au pinceau et à l'aérographe.

Pâte à sucre*. Elle est appelée aussi « fondant » en Amérique du Nord, à ne pas confondre avec du fondant pâtissier. On peut acheter de la pâte toute prête et lui ajouter de l'arôme, mais il est préférable de la réaliser soi-même (à partir de marshmallows ou de glucose) pour des raisons de composition, d'autant plus qu'elle se conserve très bien dans du film alimentaire. Au préalable, se graisser les mains et graisser le plan de travail avec de la margarine dure, puis travailler de façon semblable à la pâte d'amandes, avec du sucre glace. Outre les ébauchoirs, de nombreux accessoires — roulettes, douilles, emporte-pièces, poinçons et pinces — existent pour décorer le fondant. Garder une tasse d'eau sous la main pour rectifier les imperfections. Pour faciliter les manipulations, réchauffer rapidement au four à micro-ondes. Les modèles en pâte à sucre ne bougent pas s'ils sont conservés à température ambiante. Ne jamais entreposer au réfrigérateur.

Céramiste

La Patamiam®. Appelée aussi *yummy dough,* cette pâte à biscuits est une véritable pâte à modeler. Aux enfants de jouer avec quatre pâtons de couleur. Leurs œuvres peuvent être immortalisées par la cuisson, mais l'immortalité résiste rarement à la gourmandise.

Pâtes à modeler à chaud. Polenta, semoule fine, riz, certains fromages (gruyère, mozzarella) sont facilement modelables à chaud, pour peu que les mains soient relativement insensibles à la chaleur. Les façonnages restent assez grossiers en comparaison des pâtes précédentes. Plus la pâte refroidit, moins elle est malléable. Le mieux est de façonner les bases du modèle et d'assurer ensuite les détails décoratifs avec d'autres ingrédients.

Pâte à modeler à froid. Les purées épaisses de féculents (pomme de terre, manioc), la mie de pain humidifiée, certains fromages à pâte souple (saint-paulin, fromage frais bien égoutté) se prêtent à des modelages élémentaires à froid.

Argile, pâte à sel, cire, chewing-gum. Argile et pâte à sel sont parfois modelées autour de gros ingrédients pour les cuire à l'étouffée. En profiter pour modeler des décors. Bien isoler les ingrédients des pâtes à modeler. La cire qui entoure certains fromages bien connus des enfants est aussi une pâte à modeler utile à des présentations ludiques. Ne pas négliger la souplesse du chewing-gum, qui s'étend aisément en fils. Le tremper dans de l'alcool pour éviter qu'il ne colle.

Tisserand-teinturier

Prendre le pli. Les abaisses de pâte souple tombent comme de nobles tissus. Pour recouvrir un gâteau, abaisser la pâte en la soulevant régulièrement et en saupoudrant le plan de travail (de farine, d'amidon, de sucre glace). Découper selon la surface à couvrir. Enrouler l'abaisse autour du rouleau, puis dérouler à l'envers sur le gâteau. Lisser et arranger les plis autour. Pour un gâteau rond, plaquer la pâte. Il ne doit pas y avoir de coupe. Sinon, rassembler les surplus de pâte en grands plis et plaquer le reste. Couper les excès et lisser. Badigeonner d'eau pour rectifier. Feuilles de chou, de salade, crêpes se plissent en aumônières.

Voile transparent. Papier de sucre ou voile de gel souple font office de verre alimentaire souple. On peut s'en servir pour fabriquer des bandelettes ou des ravioles en tissu fin et transparent.

Tissus à grands pans. Tranches de jambon, de carpaccio de bœuf, de mortadelle, de fromage pour croque-monsieur ou de raclette, d'aubergine cuite, de céleri-rave blanchi, de betterave ou d'ananas, pourvu qu'elles soient de fine épaisseur, sont souples et assurent un tombé parfait. Elles s'assemblent avec des fils alimentaires ou des cure-dents pour former des tissus unis ou en patchwork.

Tissus à motifs. Pour créer des motifs sur un tissu alimentaire, une solution est de les ajouter à la base : incruster des graines, marquer des reliefs, colorer ou marbrer du tissu en cours de fabrication, l'imprimer au feutre ou au tampon ensuite… Une autre solution est d'assembler des motifs entre eux, comme dans le cas d'un tissu à fleurs pris au sucre.

Mouleur toqué

Tasser et compresser. De nombreux ingrédients prennent la forme de leur contenant, pour peu qu'ils y soient tassés. C'est par exemple le principe des proportionneuses à riz ou des presses à foie gras. Cela implique parfois un temps d'attente ou une mise au froid (sucre tassé*, charlotte, mousse, foie gras, etc.).

À toute vapeur. À la chaleur, les protéines coagulent. Les viandes se raidissent, les œufs se solidifient. Il est facile de donner une forme à une escalope souple ou à un œuf, à l'aide d'un moule, de film ou d'un sac alimentaire. Le passage à la vapeur fixe alors la forme.

Extruder. Les machines à churros, les poches à douille, le presse-ail, les presse-purée, les râpes et les grilles à spätzle, les flacons décor, les seringues, les tubes à spaghettis donnent une forme intéressante aux ingrédients malléables.

Pression à froid. Pour réaliser des coques en chocolat ou en gelée, préparer des glaçons avec des bâtonnets dans de jolis moules. Les tremper dans le chocolat fondu tempéré ou dans le gel refroidi mais encore liquide sans les recouvrir. Laisser figer et démouler avant la fonte du glaçon. Pour des coques plus fermées, procéder de même avec des ballons remplis d'eau glacée ou des glaçons enveloppés de film alimentaire. Attendre que le chocolat soit pris pour vider l'eau et retirer l'enveloppe.

Artisan du bâtiment, prise assurée

La prise par changement de température. Les changements d'état de la colle alimentaire permettent d'assembler des aliments. Les enduire de crème au beurre ou de ganache et raffermir au froid. Faire chauffer du fromage ou du sucre entre des éléments peu denses et laisser durcir. Mélanger des ingrédients avec du blanc d'œuf ou de l'œuf entier et faire chauffer.

La prise par séchage. Les solutions visqueuses préparées avec des gommes (arabiques), de l'amidon (farine, Maïzena®) ou du blanc d'œuf permettent d'encoller des ingrédients légers. On peut cristalliser ainsi les pétales de fleurs et de fruits ; travailler la glace royale* ou les appareils meringués comme du mastic : monter ainsi des coffres de meringue, des maisons de biscuits.

La prise sous presse. Fruits, légumes, pain, céréales et pâtes bien cuites sont riches en amidon. Les empiler en tranches fines. Couvrir de papier sulfurisé, envelopper de film alimentaire et mettre sous presse (par exemple sous des briques de lait). Mettre au frais. De la même façon, faire caraméliser des quartiers de pomme puis les tasser dans de jolis moules.

La prise « sec-humide ». Les petits éléments secs adhèrent sur des éléments légèrement humides. Les panures à l'anglaise se basent sur cette technique. La dernière couche de chapelure — flocons de pomme de terre, de céréales, de graines ou de céréales soufflées concassées, de farines spéciales — reste fixée grâce à l'humidité de l'œuf.

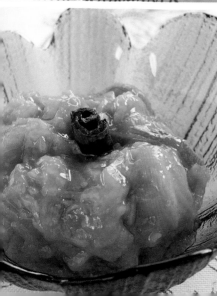

Enlumineur à ressorts et à spirales

Spirales en chocolat et en sucre. Couler des spirales au chocolat au stylo sur la surface à décorer ou sur Rhodoïd®, du sucre ou du caramel sur des toiles ou dans des moules adéquats. Réaliser des ressorts d'isomalt ou de caramel sur des barres en bois ou en métal huilées.

Spirales et outils de décor. Graver des spirales grâce à des canneleurs. Sculpter des ressorts avec des tiges décor. Dérouler des ressorts à plus ou moins larges bandes à l'aide de spiraleurs, de rouets, de taille-crayons.

Spirales en rouleau. Tartiner des feuilles et des biscuits souples (feuilles de nori, crêpes, génoises) ou superposer des couches souples (fromage, pain écrasé, pâtes sablées multicolores). Enrouler, serrer dans du film alimentaire et laisser durcir au frais avant de découper. Abaisser de la pâte feuilletée sur du sucre et la rouler en arlettes ou en palmiers. Rouler de la pâte briochée avec de la crème pâtissière ou d'amandes et confectionner un chinois. Utiliser ces spirales pour envelopper des charlottes. Modeler simplement de la pâte en long boudin et l'enrouler sur lui-même.

Spirales incrustées. Incruster des ingrédients qui fondent peu (fil de réglisse, petits grains) et les fixer en spirale sur des pâtes à faire cuire (sablés). Inciser un petit fromage selon une spirale puis sertir d'un brin de ciboulette ou d'un lacet de « zeste » de chèvre. Enrouler un spaghetti en gelée aromatique sur une mousse. Enduire de blanc d'œuf de (vrais) spaghettis cuits et les faire sécher au four.

Imprimeur calligraphe

Impression qui sent le roussi. Recycler d'anciens dessous-de-plat ou de jolies grilles en métal et les faire chauffer (comme un barbecue). Y faire griller les viandes pour les marquer. À défaut, appliquer des tiges en métal brûlantes. Confectionner des pochoirs en barquette d'aluminium, couvrir les aliments à colorer (comme du pain) et faire griller au chalumeau, sous le gril ou dans un grille-pain. Dessiner en relief (avec de la meringue, par exemple) et passer sous le gril ou sous un fer à caraméliser. Ce sont les décors les plus proches de la source de chaleur qui colorent.

Impression sur toile. Créer des toiles blanches en pâte à tarte (à base de crème et de blanc d'œuf), en pâte à sucre*, etc. Imprimer le grain de la toile en appuyant le motif ou en étalant la pâte sur des toiles à motifs. Par exemple, utiliser une passoire étamine, faire cuire au besoin, puis dessiner à l'encre de seiche ou à la sauce soja réduite.

Impression naturelle. Sculpter des tampons dans des pommes de terre, du liège, les tremper dans des jus réduits (de betterave, de carotte, de sauce soja) et les appliquer sur des fromages frais, des filets de poulet, etc. Détailler des tranches de betterave ou des feuilles de nori (salées et réhydratées) et les appliquer sur les surfaces à teindre par décoloration.

Impression à la découpe. Des marqueurs (en relief) permettent d'écrire un mot au centre des petits-beurre, par exemple. Il existe également un alphabet en forme de découpoirs de nombreuses tailles.

Portraitiste à l'assiette, caricature à croquer

Portrait en traits. Utiliser pinceaux, pipettes, flacons décor, jus et sauces onctueux, coulis épais pour esquisser la tête de l'assiette.

Portrait en pâtes. Spaghettis, coquillettes, pennonis tricoloris, torti, farfalle, corolles sont au menu pour tirer le portrait d'un amateur de pâtes et le reproduire dans l'assiette. Finaliser éventuellement avec quelques touches de sauce.

Portrait en gel. Couler un gel dans l'assiette sur quelques fins décors. Le laisser prendre. Découper avec des emporte-pièces et répartir des ingrédients dessus ou dans les places réalisées.

Portrait en creux. Ne pas se mettre dans la tête que les assiettes creuses « creusent » les traits, bien au contraire ! Elles permettent de jouer avec les volumes. De quoi se payer la tête du visiteur.

Mosaïste

Gâteau mosaïque. Confectionner une génoise. La masquer de glaçage souple puis recouvrir d'une mosaïque de bonbons. Utiliser des bonbons entiers ou concassés et suivre les motifs stylisés d'un dessin.

Fresque. Choisir deux assiettes en verre à fond plat qui s'encastrent. Recouvrir le fond inférieur d'une pâte de la consistance d'une pâte à modeler puis incruster une mosaïque réalisée en tessons colorés de coquilles d'œuf. Poser alors l'autre assiette et tasser. Utiliser cette double assiette pour servir des plats frais de petits cubes (fruits, légumes, etc.) qui se superposent à la mosaïque de coquilles d'œuf.

Mosaïque de pique-nique. Confectionner des makis de crudités en entrée, des makis avec du poisson, des crustacés ou de la viande pour le plat principal et des makis avec des fruits, des miettes de biscuits et des crèmes pour le dessert. Rouler les garnitures dans des feuilles de nori, de riz, de soja colorées, de légumes ou des crêpes. Installer les makis sur l'assiette à emporter, calés avec du riz adapté, salé ou sucré.

Cadre à carreaux. Installer un pochoir épais imbriqué dans un cadre sur une assiette. Répartir de fins ingrédients dans les trous et les maintenir en coulant un gel à prise rapide. Attendre la prise puis retirer le pochoir, répartir éventuellement des ingrédients entre les éléments déjà pris et verser un gel à l'intérieur du cadre. Après la prise, il est possible de découper la gelée et de décorer les espaces vides comme précédemment.

Architecte d'intérieur, menu gigogne

Mettre les petits plats dans les grands. Cette expression est le principe du menu : proposer des plats imbriqués les uns dans les autres, et accessibles au fur et à mesure. Il est aussi possible de « mettre des petits plats sur les autres » en superposant les plats façon *wedding cake* américain. Dans ce dernier cas, veiller à séparer les étages fragiles par des plateaux séparateurs.

Donner envie. Laisser entrevoir les plats suivants permet de donner un aperçu du menu. Si les premiers sont conçus comme des cages, des dentelles ou des gelées assez transparentes, les plats suivants sont visibles mais inaccessibles. La curiosité met en appétit.

Donner envie (bis). Les éléments accessibles mais invisibles intriguent aussi. Par exemple, cacher une sauce sous un plat opaque et faire dépasser une paille qui permet de la goûter. Ou entourer un gâteau par une couronne de façon à ne laisser voir que le glaçage.

(A)ménager des surprises. Cultiver le mystère en cachant des bouchées ou des plats invisibles et inaccessibles. Par exemple, réaliser des plats creux opaques qui occultent les plats suivants ou des plats tendres qui cachent des coques contenant des bouchées.

Jardinier

Jardin zen et pierrade. Composer des jardins zen comestibles. Répartir en guise de sable des graines de sésame, de nigelle, d'amarante, de pavot, de quinoa ou des poudres de légumes grillés et d'olives séchées. Ratisser avec un racloir denté. Imiter les galets en plaçant des pommes de terre ou faire chauffer des galets (vrais ou en céramique) à utiliser en pierrade. Disposer de la sciure ou du foin pour créer des fumées.

Jardin à la française. Aligner de petits amuse-bouche et dresser des toasts en guise de haies. Tracer des allées en graines. Réaliser des pains aux herbes ou dérouler des brioches roulées, style chinois, pour créer les haies en spirale. Tailler du fromage en sculpture d'extérieur. Verser les sauces dans des coques (avocats, melons, citrons). Utiliser des graines germées en pelouse.

Potager de crudités. Cultiver de petits carrés séparés par des plates-bandes de pain. Composer les carrés de radis, de bâtonnets de crudités, de bouquets de chou-fleur ou de brocoli, de pickles, de fleurs de légumes, de graines germées. Creuser un agrume en puits.

  Jardin d'enfants. Réaliser des bacs à sable en mie de pain, en chou-fleur râpé ou en semoule de couscous. Creuser des toboggans en concombre, en courgettes ou en cornichons à la russe. Tresser des filets de ciboulette. Sculpter des bancs, des balançoires à bascule…

Paysagiste de bassins aquatiques

Imiter l'eau. Pour imiter l'eau, rien de mieux que l'eau elle-même, mais prise en gelée plus ou moins tremblotante. Il est ainsi plus facile de l'utiliser.

Dans l'eau. Pour maintenir un élément dans l'eau, faire prendre en gelée l'eau se situant en dessous puis le maintenir avec une nouvelle couche de gel et compléter en eau à la hauteur souhaitée. Il est aussi possible de faire prendre l'eau en gelée et de créer des poches d'air avec des ballons ou des éléments faciles à retirer par la suite.

À la surface de l'eau. Faire flotter des coques de noix, des fleurs (sur la photo, des pétales de rose) et des feuilles, des pirogues en écorce de pastèque ou de melon… Créer des effets à la surface. Faire prendre l'eau en gelée. Quand le gel est prêt à se former, introduire la pointe d'une douille et insérer un nuage de crème. Selon la consistance de la crème, les résultats varient, mais ils restent subtils.

Effets d'eau. Épaissir ou gélifier l'eau avec un gel ou de la gomme konjac. Préparer des écumes colorées dans un siphon et les verser à la surface ou à l'intérieur de l'eau en introduisant le bec du siphon. Réaliser des gouttes d'eau avec des gels (voir la « cuisine moléculaire » p. 102) ou des perles de tapioca. Les iriser éventuellement avec un colorant. Illuminer l'eau avec des éléments lumineux étanches, comme des agitateurs, ou s'inspirer des bougies de gel en utilisant des gels résistants à la chaleur.

Modéliste

Bonhomme découpoir. Choisir un kit de découpoirs en forme de bonhomme qui détaillent la tête, le haut et le pantalon ou la jupe. À défaut, choisir un découpoir bonhomme et séparer les morceaux à la roulette lisse.

Des tissus. Le but est d'habiller le personnage et de faire varier ses tenues en modulant le haut, le bas et éventuellement la tête. Pour ce faire, confectionner des biscuits taillés avec les découpoirs et les décorer avec de la glace royale*. Confectionner également des habits qui s'enfilent sur le personnage (gilets, manteaux), en pâte à sucre*, en peaux de fruits ou de légumes, en charcuterie, etc. Les peaux d'aubergine et de kiwi ainsi que les cires de fromage donnent des effets intéressants.

Accessoires. Chapeau en soucoupe volante, béret en rouleaux de réglisse, boa en peau de ramboutan, sac en chewing-gum, parasol en peau de prune jaune séchée, écharpe transparente en soie de sucre, il serait dommage de ne pas doter les tenues d'accessoires appropriés.

Tenue debout. Pour que les personnages tiennent en station debout (pour le défilé), assembler les morceaux à la glace royale* et utiliser une béquille qui s'appuie au dos ou doubler le personnage en morceaux avec un autre personnage entier (assembler les pièces lors du découpage avant cuisson). Dans ce dernier cas, coller le recto et le verso avec de la glace royale ou une crème.

Styliste de mode, modiste

Un mannequin. Choisir un modèle à habiller. Il existe des bustes, notamment de marquise. La jupe bouffante est réalisée en longues tranches régulières de jambon fumé et s'ouvre sur un tissu de légumes. Mais poupées Barbie®, mannequins de bois, mannequins accroche-bijoux conviennent parfaitement pour les essayages de mode alimentaire.

Sous-vêtements bouffants. Créer des jupons en moulant de la pâte sur l'envers de bols ou en creusant des gâteaux cuits dans des moules arrondis. Fabriquer des crinolines en pâte à choux dressées sur l'envers de moules en silicone. Utiliser des pâtes modelables pour maintenir les pièces. Les recouvrir de grandes feuilles souples ou de longues tranches et donner de l'amplitude.

Du raffinement. Fixer les plis. Donner l'impression que l'écharpe réalisée en papier de sucre ou en spaghettis de courgette flotte. Créer du mouvement dans le nœud du chapeau. Confectionner des pans et des traînes aux jupes. Ourler de dentelles.

Coquetteries. Incruster des éclats de bonbons colorés dans les tissus. Réaliser des parapluies et des ombrelles aux baleines en pâte à choux et au tissu assorti au modèle. Fabriquer des chapeaux en nougatine et des voilettes en papier de verre. Confectionner des bijoux en isomalt.

Bijoutier-joaillier

Boucles d'oreilles. Réaliser des montures en fil d'isomalt, en écorces d'épices, en peaux de fruits et de légumes séchées, en clous de girofle. Enfiler des perles de tapioca ou de fruits et de légumes. Accrocher des épices entières, des bonbons ou des sucres (verre soufflé), des tranches de champignons séchées et autres.

Bagues et broches. Ouvrir des gousses tendres de vanille ou de pois. Abaisser des pâtes souples et résistantes (de bonbons) et creuser des rails. Glisser des perles de tapioca, des bonbons colorés ou des éclats. Emprisonner des éléments estampillés (petits biscuits imprimés), des pierres (petites meringues, bonbons, sucre rocher*), des ingrédients sculptés (pâte en forme de rose, fromage), de grosses pâtes enfilées sur des fils (isomalt, légumes).

Pendentifs et colliers. Faire passer des ingrédients troués (pâtes, perles, biscuits) dans des lacets de bonbon, des spaghettis de fruits, de légumes, de gel ou de pâtes. Réaliser également des pendentifs en pâte incrustée de bonbons avant cuisson ou recouverte et « martelée » de papier d'or ou d'argent après cuisson.

Bracelets et manchettes. Créer des bracelets en enfilant des ingrédients sur des fils, assortis aux colliers. Enrouler des fils d'isomalt autour d'un gros rouleau, pour imiter des bracelets multiples, et glisser des perles ou des papiers précieux. Incruster des peaux de fruits ou de légumes, des bonbons, des fleurs séchées, des éclats de bonbons sur des pâtes moulées en manchettes (ou en torques) avant cuisson.

Artiste plasticien

Comment consommer ? Proposer un mode original de dégustation. Offrir des couverts à manger, des bouchées à attraper au lasso, au fil à pêche (à manger) ou au filet à papillons (écumoire asiatique). Faire croquer des pièces flottant dans l'air ou sur l'eau, etc.

Jeu de piste. Permettre l'accès aux plats en fonction de l'avancée sur les cases d'un jeu. Les colorer avec des couleurs désignant les plats autorisés (vert pour les entrées de crudités, rose pour les macarons aux roses) ou attribuer des intitulés aux cases (« choisir 5 amuse-bouche », « reculer de 7 cases », « donner 2 Carambar® au voisin de droite »). Rendre les plats peu à peu accessibles, soit en imbriquant les plats comme des poupées russes, soit en les superposant en pièce montée, soit en les cachant sous des aliments à manger (salade de coquillettes, miettes de crumble, copeaux de fromage, etc.), soit selon un jeu de piste à indices.

Repas équilibré. Choisir des présentoirs insolites. Pincer des crackers apéritifs sur des cordes à linge ou des chips originales sur de grands arbres à photos. Présenter des sauces ou des bouillons dans des tubes à essai à ventouse, des amuse-bouche sur des plats flottants (écorce de pastèque) en grandes coupes, de mini-assiettes de dégustation sur des supports de bougeoir.

Surprises au cœur. Cacher des petits mots dans des gâteaux secs et creux *(fortune cookies)* ou insérer des œufs surprises (type Kinder®) garnis de confiseries dans d'autres aliments.

Artisan de lumière

Vitraux. Dessiner les montants du vitrail sur un pochoir, placer sur une toile de cuisson ou du papier sulfurisé et remplir les vides de sucre coloré ou de bonbons colorés transparents concassés. Retirer le pochoir et remplir éventuellement les vides de sucre ou de fil noir. Faire fondre au four. Redessiner les montants en glace royale* ou en chocolat, au besoin.

Lampe Art nouveau. Réaliser des lampes champignons façon Art nouveau. Confectionner l'abat-jour en feuilles transparentes (feuilles de riz, pétales colorés, gels colorés séchés). En guise de pied, utiliser des pieds de champignons séchés, en sucre cuit*, en pâte éventuellement incrustée et moulée sur des rouleaux.

Bougeoirs à facettes. Assembler des pastilles colorées et translucides avec une colle alimentaire (caramel ou glace royale*). Pour former une boule à facette, créer deux demi-boules en s'aidant d'empreintes en silicone en demi-boule ou de boules en polystyrène, puis les assembler.

Galuchat. Faire sécher au déshydratateur ou à four doux soit des peaux blanches de poissons (carrelet, turbot), aplaties entre deux feuilles de papier de cuisson ou moulées, soit des feuilles de riz hydratées. Les utiliser quand elles sont devenues translucides.

Artiste contemporain

Des tranches à la Malevitch. Choisir des tranches de même épaisseur. Découper un grand carré dans l'une, y détailler un ou plusieurs petits carrés avec un découpoir et insérer les carrés correspondants découpés dans d'autres tranches. Par exemple, pour un luxe contemporain, un carré de truffe noire dans un carré de tomme de chèvre blanche ou de gel doré de champagne.

D(r)ipping à la Pollock. C'est la façon la plus simple de présenter les dips. Réaliser des sauces aux parfums complémentaires. Trancher les pièces à tremper. Remplir une assiette avec les sauces versées en lignes aléatoires et une autre en répartissant les tranches.

Compression à la César. Conserver les épluchures de légumes ou de fruits bio nettoyés (non toxiques, dures ou poilues). Faire cuire ou citronner au besoin. Préparer une gelée de bouillon, de vin ou de jus. Dans un moule, verser en alternance épluchures, restes de gâteaux, de riz, de pâtes, de poisson ou de viande cuite, bien tasser et faire prendre avec une gelée salée ou sucrée suivant les ingrédients.

En ligne à la Mondrian. Tracer des lignes et des carrés de couleurs différentes pour présenter épices, sauces et condiments. Présenter par exemple un tartare de bœuf (aux câpres, émincé d'oignon, moutarde, ketchup épicé, sauce Worcestershire, jaune d'œuf) en suivant ce principe. Pour un résultat en trois dimensions, réaliser des lignes de bonbons sur une boule en pâte compacte glacée ou en polystyrène, dans le style des arbres à bonbons.

Index des illustrations

La genèse du livre

adresse e-mail : gwen@scuiz.fr

J'ai publié aux éditions Tana un premier livre de cuisine intitulé *C'est beau, c'est bon, c'est tout en bonbon*. J'ai expérimenté des recettes de toutes sortes, classiques ou farfelues. Cuisine, loisirs créatifs et photographie culinaire sont les trois ingrédients de base de mon quotidien. Quand Tana m'a proposé de réaliser cette fois un livre sur des décorations à l'assiette inspirées du design culinaire, mettant les techniques de chef à la portée du grand public et dans un esprit ludique, j'ai tout de suite accepté de relever le défi. Associer le beau et le bon, c'est tout simplement ma passion. J'ai créé la structure **S'cuiz**in (www.scuiz.fr) dans ce but : à partir d'un produit ou d'un thème donné, proposer des recettes créatives et en fournir l'image correspondante. J'ai commencé par faire le tour de ce qui pouvait exister en matière de techniques décoratives, des sculptures thaïlandaises sur légumes aux cygnes en sucre des chefs pâtissiers, en passant par la cuisine moléculaire ou les blagues comestibles de certains artistes contemporains.

J'ai découvert un univers extrêmement technique, mais d'une esthétique parfois un peu ringarde. Impossible de me sentir à la hauteur des prouesses matérielles des artistes du sucre soufflé. Impossible aussi de vous servir un buisson d'écrevisses has been sur dôme de macédoine.

Alors, j'ai renoncé à mes ambitions d'exhaustivité et j'ai picoré des astuces deci-delà. Plus j'expérimentais, plus les idées fusaient. C'est pourquoi nous en sommes arrivés à ce livre qui contient quatre images par page au lieu d'une seule. Si j'avais dû publier le bêtisier de mes pièces en chocolat fondues au soleil, de mes montages écroulés ou de mes joues de hamster à force d'avoir soufflé dans les pâtes, il aurait fallu un deuxième tome !

Maintenant, à vous de jouer, chacun son tour. Et je vous donne rendez-vous sur mon blog www.sensationcuisine.scuiz.fr…

Conception graphique :
Gwen Rassemusse et David Reneault
Photogravure : Frédéric Bar
Fabrication : Stéphanie Parlange et Cédric Delsart

© Tana éditions
ISBN : 978-2-84567-623-7
Dépôt légal : octobre 2010
Imprimé en Espagne